サーバント・リーダー──「権力」ではない。「権威」を求めよ

THE SERVANT
by James C. Hunter

プロローグ

このわたしが修道院へ？

わたしが拠り所にしている考えは、わたし自身のものではない。ソクラテスから拝借し、チェスターフィールドからいただき、イエスから盗んだものだ。もし彼らの考えが気に入らないなら、誰の考えを使うというのだ？

――デール・カーネギー

行くことを選んだのはわたしだ。ほかの誰のせいでもない。

いま振り返ると、大きな製造工場を仕切る多忙なゼネラルマネジャーであったわたしが、工場をほったらかしにして、ミシガン州北部の修道院に一週間も行っていただなんて、とても信じられない。そう、そのとおり。修道院だ。修道士がいて、一日五回の礼拝、聖歌、典礼、聖餐《せいさん》、相部屋での生活、すべてそろった修道院だ。

わかってほしい、わたしは必死に抵抗した。

だが最終的に、行くことにした。


〝シメオン〟というのは、生まれたときからわたしについてまわった名前だ。

赤ん坊のとき、地元のルター派教会で洗礼を受けた。儀式のために選ばれた聖書の一節は、ルカによる福音書第二章のシメオンという男についてのものだったと、洗礼の記録にある。福音書によると、シメオンは〝とても正しくて信仰心があり、聖霊に満ちていた〟。彼は来るべき救世主について霊感を得ていたらしいが、わたしにはよくわからない。これがシメオンとの最初の遭遇だった。

八学年の終わりに、ルター派教会で堅信式《けんしんしき》〔訳注：幼いときに洗礼を受けた者が、自覚を持てる年齢に達したときに信仰を公にする儀式〕をおこなった。牧師が堅信の志願者それぞれのために、聖書の一節を選ぶ。わたしのために選ばれたのは、シメオンに関する同じ部分だった。〝おかしな偶然だな〟と思ったのを覚えている。

それから二十五年間、わたしはときどき同じいやな夢を見た。夢の中では夜更けで、わたしは墓地の中を必死で走っている。追ってくるものは見えないが、それが邪悪で、わたしを傷つけようとしているのはわかる。突然、黒いフードつきのローブを着た男が立ちはだかる。その年老いた男はわたしの両肩をつかみ、目をのぞきこんで叫ぶ。「シメオンを見つけろ。シメオンを見つけて、彼の言うことを聞け！」。ここでかならず、冷や汗まみれで目を覚ます。

あげくの果てには結婚式の日に、牧師が短い説教の中でシメオンについて触れた。わたしはあんまり驚いて、誓いの言葉がしどろもどろになってしまった。

これらの〝シメオンの偶然〟に意味があるのかどうかはわからないが、妻のレイチェルは一貫して、意味があると信じていた。

一九九〇年代後半まで、わたしは人さまから見たら、万事うまくやっていた。

世界的な板ガラスメーカーの工場を任されており、従業員は五百人以上、年間売り上げは一億ドルを超えていた。過去に例のない若さでゼネラルマネジャーとなり、よい給料をもらい、なんらかの目標に達したり成果を上げたりすれば特別賞与も出た。

美しい妻レイチェルとは結婚して十八年になる。インディアナ州のヴァルパレーゾ大学在学中に出会い、その大学を、わたしは経営学の学位、彼女は心理学の修士号を取って卒業した。わたしたちは子どもが欲しかったが、数年間は不妊症に悩まされた。治療を受け、注射し、検査し、突いたり刺激したり、なんでも試したが成果はなかった。

その後、不思議なすばらしい成り行きを経て、生まれたばかりの赤ん坊を養子にし、わたしにちなんでジョンと名づけた。この子はわたしたちの〝奇跡の〟赤ん坊だった。二年後、レイチェルが思いがけず妊娠し、わたしたちにとって二番めの〝奇跡の〟赤ん坊、サラが生まれた。

ジョン・ジュニアは、いま十四歳で九年生になったばかり、サラは七年生だ。ジョンを引き取った日から、レイチェルは心理セラピストの仕事を週一日に減らした。ふたりとも、彼女ができるだけ主婦業に専念するほうがいいと考えていた。

デトロイトから約五十キロのエリー湖北西岸に、すてきな家を（銀行ローンつきで）持っている。レジャー用ボートが家の裏の巻上げ装置につながれていて、車庫にはリースの新車が二台あり、年にすくなくとも二回は家族で休暇を楽しんだ。それでもなお、学費と退職後の暮らしのためにかなりの額の貯蓄ができた。

どう見ても、わたしはほんとうにうまくやっていた。

だがもちろん、物事はつねに見たとおりとはかぎらない。実際には、わたしの人生は崩壊しかけていた。

一ヵ月前レイチェルから、結婚生活に不満があり、事態を変える必要があると言われた。彼女は〝必要なもの〟が満たされていないと言った。わたしは耳を疑った！　女性が望むすべてのものを提供してきたはずなのに、彼女は満たされていないと言う！　ほかに何が必要だというのだ？

子どもたちとも、うまくいっていなかった。ジョン・ジュニアはどんどん口汚くなって、三週間前にはレイチェルのことをババアと呼んだ。わたしは怒って彼を叩きそうになり、結局その後一週間外出禁止にした。彼はあらゆる権力や大人からの指示に反抗し、左耳にピアスの穴を開けてきた！　レイチェルがいなかったら、あの子を家から蹴り出していただろう。わたしとジョン・ジュニアの関係は、ろくな会話もないほど悪化していた。

娘のサラとの関係も悪化しつつあった。彼女とはずっと特別な絆を感じていて、今も幼いころのあの子を思うと感傷的になる。だがサラのほうはよそよそしく、ときどき理由もなくわたしに怒っているように見える。レイチェルには、わたしの気持ちをサラに話してみたらどうかと何度も勧められたが、時間がなかったし、もっと正直に言うと、そうする勇気がなかった。

人生でずっと順調だった仕事の面でも、事態は悪い方向へ向かい始めていた。

最近、工場の時間給の従業員たちが、労働組合を作ろうと運動をおこない、選挙になった。ありがたいことに反組合側が五十票差で勝った。わたしはうれしかったが、上司はそもそも選挙がおこなわれたことに当惑し、管理上の問題、すなわちわたしの責任だとほのめかした。

わたしは、問題があるのは自分ではなく、無茶な要求をして組合を作ろうとした側だと思っていたので、上司がどういうつもりかわからなかった。会社の人事部長からは、管理方針を見直すようにとまで言われた。わたしは腹が立った。この部長は神経質なリベラル派で、建前ばかり重視し、大規模な業務運営のことなど何も知らないのだ。

さらに、ボランティアで六年もコーチをしていた少年野球のチームにも、問題があった。わたしたちは勝ち越して、リーグ内で立派な成績をおさめた。それなのに何人かの親たちがリーグ責任者に、子どもが楽しんでいないと苦情を言ったのだ。自分がたまに激して競争心むきだしになるのはわかっていたが、それがなんだというのか？ ふた組の両親が、息子をほかのチームに移したいと希望した。これには体面をつぶされた気分だった。

ほかにもあった。

わたしはずっと、たいした悩みごとのない、楽天的で暢気《のんき》なタイプだったのに、気がつくと今や、ほとんどすべてのことを気に病んでいた。社会的地位も物質的な豊かさも手に入れたのに、心の中は混乱し葛藤していた。

生きることが虚しくなり、いつも不機嫌で引っこみがちになった。些細な苛々の種や不都合が気になって、現実と折り合いがつかなくなった。じつのところ、まわりじゅうの人に苛立った。自分のことさえうとましかった。

もちろん、こんなことを人に打ち明けるのは自尊心が許さなかったので、わたしはなんとか周囲の目をごまかしてきた。しかし、レイチェルの目だけはごまかせなかった。


レイチェルはわたしに、教会の牧師に相談するよう強く勧めた。わたしはついつい同意したが、それはレイチェルを黙らせたかったからだ。わたしは宗教的な人間ではない。生活に大きな影響が及ばない範囲でのみ、教会とつきあってきた。

牧師には、数日間ひとりになって物事を整理してみたらどうかと言われた。そして、ジョン・オブ・ザ・クロスという、小さな、あまり知られていない修道院の修養会に参加することを提案された。ミシガン湖の湖畔、リーランドという町の近くにある修道院だ。聖ベネディクト会の修道士が三十人から四十人ほど住んでいるという。聖ベネディクトは、均衡のとれた禁欲的生活を唱えた六世紀の修道士だ。修道士たちは今も、祈り、仕事、沈黙という三つの優先事項を中心にした組織立った暮らしを送っている。

ばかばかしい提案だと思った。とてもついていけない。だが帰りがけに牧師から、修道士の中に、以前フォーチュン五〇〇企業の重役だったレナード・ホフマンがいると聞いた。これに興味を引かれた。伝説的人物レン・ホフマンがどうなったのか、ずっと気になっていたからだ。

帰宅して、レイチェルに牧師から勧められたことを話すと、彼女は微笑んだ。「それこそわたしが勧めたかったことよ、ジョン！」

結局、わたしは渋々ながら、十月の第一週にジョン・オブ・ザ・クロスに行くことにした。いちばんの理由は、もし何もしなかったらレイチェルに愛想を尽かされると思ったからだ。

当日、レイチェルが車で修道院まで送ってくれたが、わたしはその六時間のあいだほとんど口をきかなかった。ふくれっ面をしていたのは、ほんとうは丸々一週間も陰鬱な修道院になど行きたくない、自分は彼女のために多大な犠牲を払おうとしているのだと伝えるためだった。

夕暮れどきにジョン・オブ・ザ・クロスに着いた。〝登録所〟という看板がポーチの柱に釘づけされた、古い木造の建物があった。その横の小さな砂地の駐車場に車を止めた。

構内には小さめの建物がいくつか建っていて、そのすべてが、六十メートルほどの高さからミシガン湖を見下ろす堂々たる崖の上にあった。美しい環境だったが、レイチェルには言わなかった。結局のところ、わたしは苦しい思いをしにきたのだから。

「子どもたちと家のことをよろしく頼むよ」。トランクから鞄を出しながら、わたしは心持ち冷たい口調で言った。「水曜日の夜に電話する。もしかしたら来週には、ぼくはきみの希望どおりの完璧な男になって、すべてを投げ捨てて修道士になってるかもしれない」

「おもしろいわ、ジョン」。レイチェルはそう答えると、わたしを抱きしめてキスをした。そして車に乗り、土埃を巻き上げて走り去った。

◆

わたしは鞄を肩にかついで登録のために建物へ向かった。中は簡素な造りで、清潔な受付の机に中年の男性がいて、電話で話していた。顎から爪先までを覆うゆったりした黒いローブを着て、腰のところを黒い綱でしぼってある。

電話を切るやいなや、彼はわたしを見て温かく握手をした。「神父のピーターです。宿泊施設でのお手伝いをしています。州南部から来たジョン・デイリーですね」

「そのとおりです、ピーター。どうしてわかったんですか?」。誰にたいしても、〝神父〟と呼びかける気はしなかった。

「あなたのところの牧師が送ってくれた申しこみ書から、見当をつけたんですよ」。彼はにこやかな笑みとともに答えた。

「ここの責任者は誰ですか?」。わたしの中の管理者根性が顔を出した。

「ブラザー・ジェームズが、過去二十二年間、大修道院長を務めています」

「大修道院長というのは?」

「選挙で決まるわたしたちのリーダーで、この小さな共同体に関するすべてのことがらについて決定権があります。おそらくあなたも、彼に会う機会があるでしょう」

「ピーター、できれば、ひとり部屋をお願いしたいんです。仕事を持ってきていて、人目のないところでやりたいのでね」

「残念ながら、上には三つしか客室がありません。今週の客は男性三人と女性三人で、女性たちがいちばん大きな部屋である一号室を使うことになる。軍隊からの客がひとりで二号室を使って、あなたにはリー・ブアと一緒に三号室を使ってもらいます。リーはウィスコンシン州のピウォーキーから来た浸礼派牧師です。二時間ほど前に着いて、もう部屋に入っています。ほかに何か質問はありますか？」

「一週間のあいだ、どんな行事が予定されているんでしょうか？」。わたしは少々皮肉っぽくたずねた。

「礼拝堂で一日に五回の礼拝をします。加えて、明日の朝から土曜日の朝まで七日間、クラスでの講義があります。この建物で、朝の九時から十一時までと、午後の二時から四時までです。空き時間には、敷地内の散策、読書、学習、スピリチュアル・ガイドとの対話、休息、なんでもしたいことをしてかまいません。立ち入り禁止なのは、修道士たちが寝食をする回廊内の区域だけです。ほかに何かお話しすべきことはありますか？」

「ちょっとお訊きしますが、修道士によって〝ブラザー〟と呼んだり〝神父〟と呼んだりするのはどうしてですか？」

「〝神父〟というのは叙階を受けた聖職者で、〝ブラザー〟と呼ばれるのはさまざまな経緯を経てきた一般信徒です。しかし、ここでは三十三人のブラザーと神父は同等です。わたしたちの名前は、誓いのときに大修道院長から与えられました。わたしは、四十年前に孤児院からここに来て修練と誓いののち、ピーターという名前を割り当てられました」

ここで、わたしはとうとう、いちばん興味のあった質問を口にした。「レン・ホフマンと会って話がしたいんです。彼は何年か前に来て、ここの一員になっているはずです」

「レン・ホフマン、レン・ホフマン……」ピーターは天井を見上げ、記憶をたどりながら繰り返した。「ああ、わかりました。その人物は今では別の名前を持っています。きっと彼も話したがるでしょう。あなたの希望をメモにして、彼の郵便受けに入れておきましょう。そういえば彼は今週、リーダーシップに関する講義を受け持ちますよ。あなたはきっと多くを学ぶはずです。誰もがそうですから。では、おやすみなさい。よく眠ってください。朝五時半の礼拝でお会いしましょう」

階段をのぼりかけたわたしに、ピーターが続けて言った。「ちなみに、ジョン、十年前、大修道院長はレン・ホフマンに、ブラザー・シメオンという名前をお与えになりました」

わたしは呆然としたまま、階段の上の踊り場で足を止め、開いていた窓から顔を出して、新鮮な空気を何度か大きく吸いこんだ。外は真っ暗になりかけていて、遠く下方から、ミシガン湖の波が湖畔に砕ける音が聞こえた。

不思議な感覚を覚えた。気味が悪いとか怖いとかいうわけではない。既視感だった。〝ブラザー・シメオンだって？〟。わたしは考えた。〝奇妙にもほどがあるな〟

窓を閉めて、廊下の先に部屋を探していった。3という数字のあるドアを静かに開けると、薄暗いオレンジ色の常夜灯の明かりで、狭いが感じのいい部屋が見えた。ベッドがふたつ、机がふたつ、小さな長椅子がひとつ。半分開いたドアの向こうにバスルームが見える。浸礼派の牧師はすでに窓際のベッドで丸くなり、寝入って低くいびきをかいていた。

わたしは急にひどい疲労感を覚えた。いそいで服を脱いでスエットパンツをはき、小型の目覚まし時計を午前五時にかけると、ベッドにもぐりこんだ。これほど疲れていては、正直言って五時半の礼拝に出られるとは思えなかったが、誠実な努力として目覚まし時計をかけておくことにしたのだ。

眠ろうとして枕に頭をあずけたが、頭の中はめまぐるしく回転していた。

〝シメオンを見つけて、彼の言うことを聞け！〟。ブラザー・シメオン？ ついに彼を発見したのか？ これはどんな偶然なんだ？ 一日に五回の礼拝だなんて……教会にはひと月に二回行くこともめったにないのに！ 一週間も、どうしたらいい？ シメオンとはどんな人物なのだろう？ なぜわたしはここにいる？

次に気がついたときには、目覚まし時計が鳴っていた。

サーバント・リーダー――「権力」ではない。「権威」を求めよ◆目次

1日目

リーダーが見落としているもの

権力を持っていることは、レディであることと似ている。自分からそうだと知らせなければならないなら、本物ではないのだ。

——マーガレット・サッチャー

「おはよう」。わたしが目覚まし時計を止める前に、同室者がベッドから明るく呼びかけてきた。「ウィスコンシン州から来た牧師のリーです。あなたは？」

「州南部から来たジョン・デイリーです。よろしく、リー」。やはり〝牧師〟とは呼びかけなかった。

「五時半の礼拝に間に合いたかったら、すぐに着替えたほうがよさそうですよ」

「どうぞお先に。わたしはもう少し寝ていたい」。疲れているふりをして、もごもごと言った。

「お好きなように」。リーはそう言うと、着替えをして数分で部屋を出ていった。

わたしは寝返りを打って頭を枕の下に突っこんだが、すっかり目が覚めていることに気づき、多少のうしろめたさを覚えた。そこで手早く洗面をして着替え、礼拝堂を探しにいった。まだあたりは暗く、夜のあいだに通り過ぎたらしい雨のせいで地面が濡れていた。早朝の空を背景に、かろうじて輪郭が見て取れる尖塔を頼りに、礼拝堂に向かった。中に入ると、その六角形の木造の建物はよく手入れされていることがわかった。六面の壁は、それぞれちがった場面を描いた美しいステンドグラスで飾られている。壁から天井が高く迫《せ》り上がり、中央で尖塔を形作っている。いたるところに何百という蠟燭が燃え、壁やステンドグラスに揺れ動く影を投げかけて、不思議な形と色合いの万華鏡を作り出していた。

ドアの正面には簡素な祭壇があった。祭壇のすぐ前には、半円を描くように、十一脚の木製の椅子が三列ならんでいる。三十三人の修道士のためのものだろう。ひとつだけ、肘掛けのある椅子があった。背もたれには大きな十字架が彫られていて、大修道院長の椅子と思われた。祭壇の横の壁に沿って折りたたみ椅子が六脚あり、それが修養会参加者用だと見当をつけたわたしは、三つあった空席のひとつに歩み寄って腰を下ろした。

礼拝堂に入ってくる者は誰ひとり話をせず、聞こえるのは、礼拝堂の奥で大きな置時計が時を刻む美しい音だけだった。修道士たちは腰を縄でしぼった長くて黒いローブを着ていたが、修養会参加者はくだけた服装だった。五時半までには、どの椅子にも人が着席していた。

突然、奥の大きな時計が鳴って三十分を告げた。すると修道士たちがすぐに立ち上がり、祈禱書を詠唱し始めた。ありがたいことに英語だった。参加者もついていけるようにプリントが配られたが、交唱や聖詩、賛歌、応唱聖歌などのページをめくっているうちに、すぐにどこだかわからなくなってしまった。結局あきらめて座りなおし、ただ聞いていた。

二十分ほどのち、礼拝は始まったときと同様、唐突に終わった。修道士たちは大修道院長を先頭に一列になって、教会の奥から出ていった。わたしは出ていく彼らの一人ひとりの顔を見て、レン・ホフマンを見分けようとした。どれが彼だろう？

伝説的経営者だったブラザー・シメオン

礼拝が終わると、わたしは礼拝堂のすぐ近くの小さな図書室へ向かった。インターネット検索をするためだ。年配の親切な修道士がオンラインにするやり方を教えてくれた。レナード・ホフマンに関する項目は千以上あった。その中から十年前のフォーチュン誌のホフマンに関する記事を見つけ、夢中で読んだ。

レン・ホフマンは一九四一年にレイク・フォレスト州立大学を卒業している。まもなく日本による真珠湾攻撃があり、幼なじみが亡くなった。ひどいショックを受けた彼は志願して海軍に入り、たちまち昇級して、哨戒魚雷艇の艇長となる。フィリピン諸島の巡察が職務だった。

あるとき、小さな島で激戦の末に降伏した、三人の将校を含む十数人の日本兵を捕虜にするよう命じられた。彼らを裸にして一列でジャングルから出てこさせ、数キロメートル沖合の駆逐艦まで移送せよという指令だった。幼なじみを殺した日本人には憎しみがあって当然だったが、ホフマンは彼らに裸になれと命じて〝面目をつぶす〟ことはしなかった。軍服を着たまま両手を上げてジャングルから出てくることを許し、先導する将校は堂々と馬に乗っていた。

指令に従わなかったことで多少の面倒をくったが、それはすぐに過去となった。この事件に関するホフマンの唯一のコメントは、〝自分が望むようなやり方でほかの人を扱うことが大切だ〟というものだ。彼は将校として数々の勲章を得て、終戦時に名誉除隊した。

戦後、ホフマンは尊敬される経営者になった。そのリーダーシップは実業界の伝説だ。複数の崩壊寸前の会社を業績好調な会社に変身させて、黒字転換の達人として知られるようになった。また、有能な著述家でもあり、『偉大なる逆説――人を導くには奉仕しなければならない』はベストセラーとなった。

ホフマンが最後に手がけた仕事は、倒産寸前の大企業、サウスイースト航空の再建だった。年間五十億ドル以上の収入があったものの、同社の業務内容とサービスの悪さ、従業員の勤労意欲の低さは航空業界の物笑いの種で、ホフマンがCEOになるまでの五年間で、十五億ドルもの損失を出していた。

こうした困難にもかかわらず、ホフマンはサウスイーストを、わずか三年で堅実な財政基盤に戻した。利用者の満足度と定刻どおりの到着率が上がり、それぞれの評価基準で、業界最下位から二番手に躍進した。

記事には、ホフマンの下で働く従業員や元従業員、実業界と軍隊時代の同僚、そして友人たちのインタビューが載っていた。彼への愛情と好意を手放しに話す者がいれば、とくに信心深くはないがとても霊的な人間だと言う者や、非常に人格の優れた完璧な男だと述べる者もいたが、全員が、彼は生きることに歓びを感じていたと語った。フォーチュン誌の記者は、レン・ホフマンは〝実り多い人生の秘訣を知っているようだ〟と書いていた。

わたしが読んだ最後の記事は、一九八〇年代後半の、フォーチュン誌の後追い記事だった。ホフマンは六十代なかば、職歴の絶頂を極めていたときに、その地位を捨てて姿を消してしまったらしい。辞職する前年、四十年連れ添った妻が脳の動脈瘤が原因で急逝しており、多くの人間が、これが引き金になったのだろうと考えた。

短い記事の締めくくりには、ホフマンの失踪は謎だが、何らかの秘密結社か宗教団体に入ったという噂があると書かれていた。また、彼の五人の子どもたちはみな結婚し、それぞれ子どもがいて、父親の居場所については何も語らず、ただ彼は幸せで健康に暮らしていて、そっとしておいてもらいたがっているとだけ言っていた。

七時半のミサのあと、ちょっと寒かったので、わたしは部屋に戻ってスエットシャツを取ってくることにした。部屋に入ると、狭いバスルームから物音がする。わたしは呼びかけた。「どうしたんだい、リー?」

「リーじゃありません」という答えがあった。「トイレの水漏れを直しているんです」

バスルームをのぞくと、黒い僧服を着た年配の修道士が両膝を床について、トイレのパイプをレンチで締めていた。彼はゆっくり立ち上がった。身長が百八十二センチあるわたしより、少なくとも七センチから十センチほど高い。彼はぼろきれで手を拭いてから、その手をわたしに差し出した。「こんにちは、ブラザー・シメオンです。お会いできてうれしいですよ、ジョン」

インターネットの写真よりも年をとったレン・ホフマンがいた。皺の寄った顔、突き出した頬骨、鋭角な顎と鼻、長めの白髪。頬はほのかに赤らみ、細く引き締まった体つきで、とても元気そうだった。だがいちばん印象的だったのは彼の目だ。澄んだ深い青の、なんでも見抜くような目。これほど情け深く、何物をも受け入れるような目は、見たことがなかった。

シメオンはまた、若さと老いを同時にそなえていた。皺のある顔や白髪からは、彼が年配の男性だと見て取れる。だがその目や雰囲気は、わたしが子どもの時分にしか経験したことのないエネルギーを発散して輝いていた。

彼の大きな力強い手の中で、自分の手がちっぽけに感じられた。わたしは思わず困惑して視線を落とした。実業界の伝説的人物、絶頂期には七桁の額を稼いでいた人物が、わたしの部屋のトイレを直していたのだから！

「どうも、ジョン・デイリーです……お会いできてうれしいです」。わたしは弱々しく答えた。

「ああ、ジョン。ピーター神父が、あなたがわたしに会いたがっていると言って……」

「もちろん、お時間があればです。お忙しいのはわかっていますから」

彼は本気で興味を示しているようにたずねた。「いつ会いましょうか？　もしよければ……」

「ご面倒でなければ、ここにいるあいだ毎日、少しの時間一緒にいられたらうれしいと思いまして。たとえば朝食を一緒にとるとか。最近ちょっと悩んでいて、何か助言をもらいたいんです。夢や、奇妙な偶然の話もしたいと思っています」

自分の口からこんな言葉が出たのは信じられなかった。なんでもうまくやりこなす、いつでも冷静なこのわたしが、他人に向かって、悩んでいるから助言が欲しいと言うだなんて。

「どうしましょうかね。修道士は回廊内の区画でそろって食事をするので、あなたとご一緒するには特別の許可が必要です。大修道院長のブラザー・ジェームズは、こういう希望にはたいてい理解があります。許可をもらうまでは、最初の礼拝の前、午前五時に礼拝堂で会うというのはどうでしょう。そうすればしばらくのあいだ……」

「ありがたいです」。わたしは午前五時というのはつらいと思いながら、また彼の言葉を引き取って言った。

「でも今は、朝食に遅れないように、ここを片づけなければなりません。九時ぴったりにクラスで会いましょう」

「そうですね」。わたしはぎこちない動きでバスルームを出た。そしてスエットシャツをつかんで、夢心地のまま朝食をとりに階下へ行った。

六人の参加者

その日、初日の日曜日の朝、わたしは五分早くクラスに行った。講義がおこなわれる部屋は中くらいの広さで、うれしいことに近代的で居心地がよさそうだった。ふたつの壁面に美しい装飾のなされた本棚が作りつけてある。ミシガン湖に面した西側には大きな石造りの暖炉があり、芳《かぐわ》しいカバノキが燃えていた。床には豪華ではないが手入れの行き届いた絨毯が敷いてあり、部屋に温かい雰囲気をかもしだしていた。そしてそこに、古いが座り心地のよさそうな長椅子がふたつ、安楽椅子がひとつ、まっすぐな背もたれの木の椅子（ありがたいことに詰め物はしてある）がふたつ、円を描くようにおいてあった。

わたしが入ったとき、教師であるシメオンは窓辺に立って湖を見ながら、深く物思いに沈んでいる様子だった。ほかの五人の参加者はすでに着席していて、わたしは長椅子のひとつに座っていた同室のリーの横に座った。

部屋の隅の大きな時計が九回鳴るのと同時に、わたしの腕時計がビーッと時を告げた。あわててその音を止めたとき、シメオンが木の椅子をつかみ、わたしたちの小さなグループに加わった。

「おはようございます。ブラザー・シメオンです。これから七日間、わたしの人生を変えたリーダーシップに関する原理について話し合いたいと思います。この部屋に集まった皆さんから、多くを学べるものと期待しています。考えてみてください。このグループで、皆さんがリーダーシップをとってきた年数を合わせたら、全部で何年になるでしょう？一世紀か二世紀になるかもしれませんね。

今週、わたしたちはおたがいから学ぶことになるでしょう。わたしにも、すべてがわかっているわけではありません。でもみんなが一緒になれば、ひとりでいるよりはるかに賢くなると信じています。力を合わせれば、この週のうちに、なんらかの進歩があることでしょう。どうですか？」

全員がおとなしくうなずいたが、わたしは考えていた。〝レン・ホフマンがわたしからリーダーシップのなんたるかを学び取る？　冗談だろ？〟

続いてシメオンはわたしたち六人に、それぞれ簡単な略歴とともに自己紹介をし、この修養会に参加した理由も話すように求めた。

最初にわたしの同室者、牧師のリーが自己紹介をし、そのあとに、合衆国陸軍の若くて生意気そうな練兵係軍曹、グレッグが続いた。三人目に州南部から来たラテンアメリカ人の公立学校校長テレサが話し、四人目はミシガン州立大学で女子バスケットボールのコーチをしている、長身で魅力的な黒人女性クリスだった。次にキムという女性が自己紹介を始めたが、わたしは聞いていなかった。自分の番になったら何を話そうかと考えるのに忙しかったからだ。

キムが話し終えたとき、シメオンはわたしを見て言った。「ジョン、話を始める前に、たった今キムが話した、彼女がこの修養会に参加した理由を要約してくれますか」

わたしは驚き、首筋から顔へと、ゆっくり血がのぼっていくのを感じた。どうしたらいいだろう？　わたしはキムの自己紹介をひと言も聞いていなかった。

「お恥ずかしい、彼女の話をほとんど聞いていませんでした」。わたしはうなだれて、口ごもりながら言った。「申し訳ありませんでした、キム」

「正直に言ってくれてありがとう、ジョン」。シメオンは答えた。「人の話を聞くことは、リーダーが身につけるべきもっとも重要な技能のひとつです。いずれ、このことについても話をしましょう」

「もっとよく聞くようにします」。わたしは約束した。

わたしが短い自己紹介をしたあとで、シメオンは言った。「今週、一緒にいるあいだ、規則がひとつだけあります。話したい気分になったら話をすると約束してほしいのです」

「〝話したい気分になったら〟っていうのは、どういう意味なのかな？」。軍曹がうさんくさそうにたずねた。

「そうなったらわかるでしょう、グレッグ。椅子に座っていてもムズムズしたり、鼓動が少し速まったり、手のひらが汗ばんだりといった、落ち着かない感じです。ここでは、そんな感じを否定したり、我慢したりしないでください。みんなはあなたの言うことなど聞きたくないかもしれないと思っても、あなた自身が言いたくなくてもです。その気分になったら、口に出してください。逆もあります。話したい気分でなければ、話すのを控えて、ほかのみんなに話してもらえばいい。理解するのはあとにして、とにかくそうしてみてください。いいですか？」

わたしたちはまた、おとなしくうなずいた。

リーダーシップは「技能」である

シメオンは続けた。「皆さんは普段、リーダーとして、人の世話をまかされています。わたしはこれからの一週間、あなたがたがリーダーになることを選んだときに引き受けた大きな責任について、考えてみてもらいたいと思っています。そう、あなたがたはみずから進んで、親なり配偶者なり、上司、コーチ、教師なりになった。これらの役割は誰かに押しつけられたわけではないし、いつ辞めてもいい。

たとえば職場では、リーダーとしてのあなたが作り出した環境で、従業員たちは起きている時間の約半分を働いて過ごします。わたしはかつて会社で働いていたとき、リーダーがこの責任にたいして無頓着で軽率ともいえる態度なのに驚きました。あなたがたには多くのことが関わっていて、頼りにされている。リーダーという役割は、非常に重要で、気高い職業なのです」

わたしは居心地が悪くなってきた。自分が率いる人たちの生活にどれだけ大きな影響をおよぼすかなんて、深く考えたことがなかった。〝気高い職業〟？　そうなのだろうか。

「皆さんと話し合うリーダーシップの原理は、あたらしいものでも、わたしが考え出したものでもありません。聖書の言葉ほど古い。けれども今朝の日の出ほど新鮮です。そしてこれらの原理は、どんなリーダーとしての役割にも当てはまります。

ところで今日は、いいニュースと悪いニュースがあります」

シメオンは続けた。「いいニュースというのは、わたしがこれから七日にわたって、リーダーシップへの手がかりを与えていくということです。リーダーを務めている皆さんにとって、これはいいニュースでしょう。悪いニュースというのは、皆さんがこれらの原理を実生活に当てはめる際には、皆さん自身の決断が要るということです。他人にたいして影響力を持ち、リーダーシップを身につけることは誰にでもできますが、大きな努力を必要とします。残念ながら、リーダーシップを発揮する立場にいる人の大半は、必要とされる努力から逃げていいます」

わたしの同室者である牧師が手を上げた。シメオンは彼に向かってうなずいた。

「あなたはリーダーやリーダーシップという言葉を使って、管理者《マネジャー》や管理《マネジメント》という言葉は避けているようですね。これはわざとですか？」

「よく気がつきましたね、リー。マネジメントは、人間にたいしてすることじゃない。目録や小切手帳や資産を管理したり、自分自身を管理することはある。でも人は管理しない。人のことは先導《リード》するんです」

シメオンは立ち上がり、フリップチャートに歩み寄って、上のほうに〝リーダーシップ〟と書き、この単語の定義を一緒に考えてくれと言った。二十分後、わたしたちが出した答えは次のとおりだった。

リーダーシップ：共通の利益になると見なされた目標に向かって熱心に働くよう、人々に影響を与える技能。

教師は座席に戻って言った。「ここでのポイントのひとつは、リーダーシップを〝技能〟と定義したことです。技能とは単純に、学んだり身につけたりできる能力です。リーダーシップ、つまり他人を動かすことは、その気があってそれなりの行動をとれば、誰にでも学べて、発揮できる技能なのです。

定義の第二のポイントは〝影響〟という言葉です。リーダーシップが他人を動かすことだとしたら、人を動かす影響力を、どのように身につけたらいいでしょう？　自分の思いどおりに人を動かすには？　どうしたらアイディアをもらったり、献身《コミットメント》を引き出したり、創造性や優れた能力を発揮させたりすることができますか？　それらは本来、自発的な資質であるはずですが」

「べつの言い方をすれば」わたしは口をはさんだ。「どうしたら、〝よけいなことに頭を使わずに働け〟という古いやり方ではなく、〝頭を使って〟仕事をさせることができるか、ということですか？」

「そのとおりです、ジョン。影響力を身につける方法をもっとよく理解するためには、〝権力〟と〝権威〟のちがいを理解することが重要です。この部屋にいる皆さんは、権力のある地位にいる。しかし何人が、人々にたいして権威を持っているでしょうか」

わたしは早くも混乱して、質問をした。「シメオン、権力と権威のちがいがよくわからない。説明してくれませんか」

権威と権力はどうちがうか

「いいですとも」。シメオンは答えた。「社会学の創始者のひとり、マックス・ウェーバーは『経済と社会』の中で権力と権威のちがいをはっきりさせました。その定義は今日でも広く使われています。ウェーバーの考えを説明してみましょう」

シメオンはまたフリップチャートへ歩み寄り、こう書いた。

> **権力：たとえ相手がそうしたがらなくても、地位や力によって、自分の意思どおりのことを強制的にやらせる能力。**

「これがどんなものかは、わかるでしょう。世界はこんな力であふれていますから。〝やらなければクビにするぞ〟、〝やらないなら爆撃するぞ〟、〝やらないなら殴ってやる〟、〝やらないなら二週間外出禁止だ〟、あるいは簡単に、〝いいからやれ！〟とか。みんな、この定義はわかりますね？」

全員がうなずいた。

シメオンはまたフリップチャートに向かって書き始めた。

権威：個人の影響力によって、自分の意思どおりのことを誰かに進んでやらせる技能。

「さあ、これはちょっとちがうでしょう？　権威というのは、誰かに頼んで、自分の意思どおりのことを進んでしてもらうことです。〝ビルに頼まれたからする。ビルのためならなんでもする〟とか、〝ママに頼まれたからやるわ〟とか。権力は〝能力〟と定義されていたのにたいして、権威は〝技能〟と書かれている点に注意してください。権力を行使するのに、頭脳や勇気はかならずしも必要ではありません。二歳の子どもは、親やペットに大声で命令する名人です。過去には邪悪で愚かな支配者がたくさんいました。しかし、権威を持つには、特別な技能が必要です」

バスケットボールのコーチ、クリスが言った。「つまり、権力のある立場にいても権威はない場合があるということね。逆に、権威はあるけど権力はない場合もあることになるわ。だったら目標は、権力があって権威もある人間になることなのかしら？」

「いい発言をしてくれましたね、クリス！　権力と権威のちがいをべつの言い方で言うと、権力は売り買いしたり、与えたり奪い取ったりできる。誰かの義理の兄弟だったり、誰かの仲間だったり、金や力を相続したからという理由で、権力を手にすることができる。でも権威はそうはいきません。売り買いも、与えたり奪ったりもできない。権威は、人間としてのあなた、性格や、人に与える影響力に関わるものです」

「家庭や教会じゃそうかもしれないが、実社会ではそうはいかないだろう！」。そう言ったのは軍曹だった。

「ほんとうにそうでしょうか、グレッグ」シメオンはわたしたちのことを名前で呼んだ。「たとえば家で、奥さんやご主人、子どもたちに、権力と権威のどちらで動いてほしいと思いますか？」

「もちろん権威でしょう」。校長のテレサが口を出した。

シメオンがすぐに反応した。「どうしてそう思うんですか？　テレサ。権力があれば話は早いでしょう？　〝ごみを棄ててこい。いやなら鞭打ちだぞ〟と息子に言えば、その夜のうちにごみは処分されるでしょう」

キム（わたしに二度めに話してくれたところによると、州南部のプロヴィデンス病院出産センターの看護師長だった）が、会話に割って入った。「それはそうね。でもいつまで続くかしら？　息子はすぐに大きくなって反抗するようになるでしょう！」

「そのとおりです、キム、権力は関係を蝕《むしば》みます。権力によっても、しばらくはうまくいき、何かを成し遂げられるかもしれない。でも時間が経つにつれて、その関係は壊される可能性があります。十代の若者によく見られる反抗という現象は、長く家で権力を押しつけられてきたことへの反応である場合が多い。同じことが職場でも起こります。従業員の不穏な動きは、形を変えた〝反抗〟なのです」

わたしは息子の行動や工場での組合運動のことを思い出し、気分が悪くなった。

「もちろん」と、シメオンは続けた。「道理をわきまえた人なら、家庭は権威によって導いていくのが大切だと言うでしょう。ではボランティアの組織はどうでしょう？　リー、あなたは教会の牧師で、ボランティアの人たちとのつきあいも多いにちがいない。どうですか、ボランティアの人たちは、権力と権威、どちらに応えるでしょうか？」

牧師は笑いながら言った。「ボランティアの人たちに権力を使ったら、すぐに誰もいなくなるでしょうよ！」

「そうですね」。シメオンは続けた。「ボランティアの人たちは、自分たちのニーズも満たす組織のためにのみ動きます。ではビジネスの世界ではどうでしょう。ビジネスで、わたしたちはボランティアの人たちを相手にしていますか？」

わたしはこれについて、少し考えなければならなかった。最初に思いついた答えは〝もちろん相手にしていない〟だったが、シメオンの次の言葉を聞いて考え直した。

「考えてみてください。ビジネスでは誰かの体を借りることができて、その賃貸料は市場によって決まります。しかし、彼らはまさにボランティアではないでしょうか。自由に立ち去れるし、時給が五十セント多いべつの雇い主のところへ行くこともできる。あるいは、今の雇い主が気に入らなければ、五十セント少ないところに行ったっていい。さらに、彼らの心、頭脳、意欲的な関与、創造性やアイディアも、すべて自発的に提供されるべきものではありませんか？　命令で意欲を手にできますか？　優れた能力は？　創造性は？」

コーチが異論を唱えた。「シメオン、あなたは夢の世界に住んでいるんじゃないかしら。権力を使わなければ、他人にいいように利用されるわよ！」

「そうかもしれませんね、クリス。ユートピアを夢見る人間だと思われないように言っておきますが、わたしは権力を行使しなければならないときがあることも、ちゃんとわかっています。家庭で厳しい教育方針を貫いたり、悪い従業員をクビにする場合などには、権力が必要ですね。ここで言いたいのは、権力を行使しなければならないとき、リーダーは、なぜ権力に頼る必要が生じたかを考えるべきだということです。権力に頼らなければならないのは、権威が崩れたからです！　あるいはそもそも、権威などなかったのかもしれない」

「でも権力は、みんなの注意を集める唯一のものだろう！」。軍曹が主張した。

「かつてはそうだったかもしれないですね」。教師は同意した。「でも最近では、人々の権力への反応はかなり変わってきました。過去三十年間に、この国に起こったことを考えてみてください。一九六〇年代には権力や制度への抗議が広くおこなわれました。その後も、ウォーターゲート事件やイランゲート事件、政府によるさまざまな権力の悪用があばかれました。今は実業界の大物たちが、マスコミやハリウッドによって、貪欲な環境破壊者、信用できない悪人として描かれています。人々の多くが、権力を持つ人たちにたいして以前よりも懐疑的になっていると思います」

「理屈としてはわかるわ」。コーチがまた反論した。「でも、もし、あなたが言うように権威や影響力で物事を進めていくとしたら、まったくちがうさまざまな人たちを相手に、どうやって権威を身につけたらいいのかしら？」

「まあまあ、クリス」。シメオンは穏やかに笑いながら答えた。「遠からず、その話が出てきます」

軍曹が時計を見て言った。「シメオン、話したくなったので言うよ。朝の授業は終わりにしてくれるかな、便所に行きたいんでね」

権威のあるリーダーとはどういう人か

ここでは毎日三回、充実した食事が出た。午前八時十五分に朝食（朝のミサのあと）、十二時半に昼食（正午の礼拝のあと）、そして午後六時に夕食（夜の夕拝のあと）だ。食べ物は新鮮で、こった料理ではないが、おいしかった。

驚いたことに、わたしは修道院にいた間、一日五回の礼拝のすべてに参加した。毎日、五時半の朝の礼拝から始まって、七時半のミサ、正午の礼拝、五時半の夕拝、八時半の終課まで。最初は退屈だと思ったが、日を追うにつれて、次の礼拝を楽しみにしている自分に気づいて驚いた。礼拝は熟考する時間を与えてくれた。熟考など、何年もしていなかったことだ。

同室者とは仲よくやれた。リーは、それまでに会った宗教関係者の多くとちがって、とても開放的でてらいのない人物だった。一日の終わりにたがいの意見を交換した。どっちみち、ふたりとも朝早く起きて一日じゅう活動していたため、たいていはすぐに眠ってしまったが。

一日は、五回の礼拝、三回の食事、そして午前と午後二時間ずつの講義（それぞれに短い休憩時間があった）で構成されていた。残った時間は読書したり、仲間とおしゃべりしたり、美しい構内を散歩したり、二百四十三段の階段を下りてミシガン湖の湖岸を散歩したりした。


午後のクラスで、シメオンにふたり一組になるように言われた。キムが微笑みかけてきたので、わたしは今度はしっかり話を聞こうと心に決めて、彼女と組んだ。

「権威、あるいは影響力と言ってもいいですが、それを身につけるための骨組みに、肉づけをしていきましょう。まず、各々《おのおの》が、これまで出会った人々の中で、午前中に定義したような意味で、権威をもって自分を導いてくれた人物を思い浮かべてください。生きていても亡くなった方でもいい。教師やコーチ、親御さん、配偶者、上司、どんな人でもかまいません。あなたが権威を感じる人物、その人のためならなんでもしようという気にさせられる人物を思い浮かべてください」

わたしはすぐに、十年前に亡くなった愛する母のことを思った。

「そうしたら、その人物の持っていた、あるいは持っている特質を書き出してリストにしてください」。シメオンは続けた。「リストができたら、パートナーのリストと照らし合わせてみてください。それから、ふたりで項目を整理して、権威を身につけるのに欠かせないと思う特質を、三つから五つにしぼってもらいたいのです」

これはたやすいことだった。母のことを考えたわたしはすばやく、〝忍耐強い、献身的、優しい、愛情深い、信頼できる〟と書き、その紙をキムに渡した。

驚いたことに、キムの書いた項目もわたしのものと似ていた。彼女は人生に大きな影響を受けた高校時代の教師を選んでいた。

シメオンがフリップチャートに歩み寄り、それぞれのグループに項目をたずねた。キムの場合と同様、どのグループの項目も似ていたのは驚きだった。項目のトップテンはこうだ。

- 正直で信頼できる
- いいお手本
- 愛情深い
- 献身的
- 話をよく聞く

- 人に責任を持たせる
- 敬意をもって人に接する
- 人を励ます
- 肯定的で熱心な態度
- 人の価値を認める

シメオンはフリップチャートから戻ってきながら言った。「すばらしいリストですね。では、ここでふたつ質問があります。最初の質問。これらの特質のうち、生まれつき持っているものはいくつありますか?」

わたしたち全員が、しばらくリストを見ていたが、やがてキムが答えた。「ひとつもないわ」

軍曹は反対した。「そうともかぎらない。肯定的で熱心で、人を認める態度というのは、持って生まれたものじゃないかな。おれはそういう種類の人間じゃないし、特別そうなりたいとも思わないが」

「そうですか?　二万五千ドルがかかっていたら、そういう種類の人間になるんじゃないかな」。牧師が言った。

「何が言いたいんだ？　牧師さんよ」。軍曹が鋭く言い返した。

「今後六ヵ月間、自分の隊にたいして肯定的で熱心で相手を認める態度をとったら、二万五千ドルもらえるとしたらどうですか、グレッグ。あなたが隊のみんなにおべっかを使う姿を見られるのか否か」

低く笑いながら、軍曹はうなずいた。「言いたいことはわかったよ、牧師さん」

シメオンが軍曹に助け舟を出した。「ここに挙げた特徴は、どれも行為です。そして行為は選択するものです。では第二の質問。あなたがたはこれら十の特徴のうちのいくつを実践していますか？」

「全部です」。校長が答えた。「ある程度は、みんなが全部やっているでしょう。すごくうまくやっている人もいれば、お粗末な人もいるかもしれない。わたしは人の話を聞くのが世界でいちばん下手かもしれませんが、それでも場合によっては聞かざるをえません。ものすごく不正直になることもあるけど、家族にたいしては正直だわ」

「けっこうです、テレサ」。シメオンは微笑んで言った。「これらの特徴は人生の初期に身について、癖のようになることが多い。癖や性格上の特徴には、高いレベルにまで発達して成熟するものもあれば、青年期からほとんど変わらないものもある。リーダーになるために、これらの特徴のうち努力が必要なものに、リーが言ったように賞金がかかっているものとして挑戦したらどうでしょう。癖を変え、性格を変え、気性を変えるようみずから挑戦してみるんです。それには、選択と多大な努力を必要とします」

「気性なんか変えられないだろう」。軍曹がけんか腰で言った。

「待っていてください、グレッグ。まだまだですよ」。シメオンは目を輝かせて答えた。

「任務」と「関係」のバランス

休憩をはさんで、わたしたちはその日の残りを、関係の大切さについて話し合って過ごした。

教師は始めた。「簡潔に言うと、リーダーシップとは、人々を通して何かを成し遂げるためのものです。そして人とともに働き、人に何かをさせるときには、かならずふたつの原動力が関わってきます。任務《タスク》と関係です。どちらかを犠牲にして、もういっぽうだけに集中した結果、バランスが崩れることはよくあります。たとえば、任務を果たすことにばかり集中して関係を考えないと、どんな兆候が現われるでしょうか？」

「簡単です」。看護師のキムが答えた。「うちの病院では、そういう人の部署は退職率が上がります。誰も、そういう人の下で働きたくはないからよ」

「そのとおりです、キム。関係を顧みず任務だけに集中していると、退職、反抗、品質の低下、やる気のなさ、信用低下といった、望ましくない兆候がいろいろ現われます」

「たしかに」。自分でも驚いたが、わたしは話し始めた。「最近、わたしの職場で組合運動があったんですが、任務に集中しすぎていたせいかもしれません。収益のことばかり言って、関係は無視していたかもしれない」

「だが任務は重要だろう！」。軍曹が指摘した。「任務を果たせなかったら、誰も長くは働けないだろうよ」

「まったくそのとおりです、グレッグ」。シメオンは同意した。「リーダーが目の前の任務を成し遂げず、関係のことばかり心配していたら、ベビーシッターとしてはいいかもしれませんが、優れたリーダーとは言えないでしょう。だとしたらリーダーシップの手がかりは、関係を築きながら任務を成し遂げるということになります」

わたしはまた発言したくなった。「最近では、リーダーに昇格するのはたいてい、専門能力や職務に関する能力を買われてのことです。それが大きな落とし穴なんです。たとえば、いちばん優秀なフォークリフトの運転手を監督に昇格させると、ふたつの問題が生じます。ひどい監督が生まれて、優秀なフォークリフト運転手がいなくなる！　こうした困った傾向のせいで、任務や技術面にばかり目を向けがちな人間が、リーダーの多数派になったんだと思います」

「そのとおりかもしれませんね、ジョン」。教師は答えた。「さっき、権力は関係に悪い影響をおよぼすという話をしました。ここで、次の問いに進まなければなりません。あなたたちがリーダーをしている組織では、関係は重要ですか？

人生のすべてが、神、自己、そして他者との関係から成っているという偉大なる真実を学ぶのに、わたしはほぼ一生を費やしました。これはおそらく、ビジネスの世界でも真実です。人がいないところにビジネスはないからです。健全な家庭、健全なチーム、健全な教会、健全なビジネス、そして健全な生活は、健全な関係から成り立っている。ほんとうにすばらしいリーダーは、健全な関係を築く能力に長けています」

「もう少し具体的に言ってくれないかしら」。コーチが言った。「ビジネスといったら煉瓦やモルタルや機械の話が普通でしょう。今は何の話なのかしら？」

C・E・O・Sと「健全な関係」を築く

「健全で活発なビジネスをするためには、組織の中で〝C・E・O・S〟と健全な関係を築かなければなりません。Cは顧客《カスタマー》、Eは従業員《エンプロイー》、Oはオーナー（あるいは株主）、Sは供給業者《サプライヤー》です。たとえば、もし客が離れて商売敵のところへ行ってしまったら、これは客との関係に問題があるということです。客が正当に必要としているものがわからず、それに応じていないのです。ビジネスの第一のルールは、客のニーズに応じなければ、よそが応じるだろうということです」

わたしが反応した。「ええ、客と酒や食事を共にして注文を取るというやり方は終わりました。今は品質やサービス、価格が問題です」

シメオンがうなずいた。「そうですね、大切なのは客の正当なニーズに応えることです。同じことは従業員にも言えます。労働者の不安、退職、ストライキ、モラル低下、信頼度の低下、意欲の低下などは、単純に、関係の問題から生じる兆候です。従業員の正当な必要性が満たされていないのです」

わたしはすぐに、上司から工場での組合運動は管理上の問題だと言われたのに、その言葉に耳を貸さなかったことを思い出した。

「オーナーや株主のニーズに応じなかった場合も、やはり組織は深刻な問題に陥ります。株主が投資にたいして公正な見返りを要求するのは、しごく正当です。もし組織としてそのニーズに応じなければ、株主との良好な関係は見こめないでしょう」

すると牧師が口をはさんだ。「そのとおりです、ブラザー・シメオン。株主が満足できなければ組織も長続きしません。わたしは何年も前、アリゾナの大きなリゾート施設のゼネラルマネジャーだったとき、ひどく痛い思いをしてそれを知りました。仕事を楽しむばかりで収益のことはあまり気にしていなかったら、とつぜん目を覚まされた。失業者の列にならぶはめになり、そこから神学校へ行ったんです」

シメオンは話を進めた。「このことは、供給業者にも当てはまります。扱うものが部品であろうとサービスであろうと、組織を運営するための資金であろうと同じです。供給業者と客が健全に共生できる関係が、どんな組織にとっても不可欠です。要するに、C・E・O・Sとの健全な関係が、健全なビジネスを確約してくれる。有能なリーダーは、この単純な原理を理解しています」

軍曹は納得していなかった。「でも最終的に、軍隊や従業員たちを歓ばせるものは何か知っているかい？　答えはいつだって、〝金を見せろ！〟ってことさ」

「もちろん、お金は大切ですよ、グレッグ。給料が遅配されたら、すぐにその大切さに気づくでしょう。でも、〝人が組織に期待するもの〟に関する長年の調査によると、お金はつねにリストの第四位か五位です。敬意をもって扱われるとか、組織の成功に寄与できるとか、何かに参加している感覚といった項目のほうが、つねにお金よりも高い順位にある。残念ながら、大半のリーダーはこの調査を信じていませんが」

ここで、椅子に座ったままモジモジと話したそうにしていた牧師が、ついに口を開いた。

「この国の結婚制度を考えてみてください。夫婦というふたり組を組織と言ってもいいと思うんですが、そのおよそ半分は失敗に終わる。離婚の理由としていちばん多く挙げられるのは何か知っていますか？　お金、経済問題です。ばかばかしい。牧師の仕事の一環として何年も夫婦の相談に乗ってきたのではっきり言えますが、問題が生じたときに誰もがお金のせいにするのは、それが具体的で把握しやすいからです。でも根っこにはつねに、不幸な関係があるんです」

「そこです！」。わたしは飛びついた。「最近あった工場の組合運動でも、誰もがいちばんの問題はお金だと言い、わたしもそう思っていた。でも組合対策コンサルタントはずっと、肝心なのはお金じゃない、関係の問題だと主張していました。わたしは信じなかったが、彼の言うとおりだったのかもしれません」

校長がたずねた。「シメオン、わたしもあなたと同意見なんですが、関係というものが組織でも人生でもそれほど重要だとしたら、いい関係にとってもっとも重要な要因はなんだと思いますか？」

「いい質問ですね、テレサ」。シメオンはすぐに答えた。「答えは簡単です。信頼です。信頼なくして、いい関係を持つことは、不可能ではないにしろきわめて困難です。信頼は、いわば関係を保つための接着剤のようなものです。もしこれに納得できないなら、〝信頼していない人とのあいだにいい関係を築けているだろうか？〟と自分に問いかけてみてください。基本的な信頼がなかったら、結婚生活は破れ、家庭はばらばらになり、組織は倒れ、国は崩壊します。ではどうすれば信頼が生まれるか？　信頼は、信頼に足るものから生まれるのですが、これについては日をあらためて話しましょう」

十月の第一日曜日、その最初の講義では、もっとたくさんのことを話し合ったのだが、覚えているのはこんなところだ。とにかく、いっぺんにさまざまな考えや感情が湧き起こった。上司、父親、夫、コーチとして自分が引き受けた責任について、ずっと考えていた。これらの責任と、自分がとってきた権力によるリーダーシップとを考えると、気持ちが沈んだ。

その夜は落ちこんだ気分で、すっかり疲れ果ててベッドに倒れこんだ。

2日目

殻を破り、逆転の発想を

進む方向を変えないかぎり、いま向かっているところに着いてしまう。

——中国の古い諺

午前四時四十五分に目が覚めたが、ベッドから出るのは気が進まなかった。だがシメオンが礼拝堂に来るとわかっていたので、温かい上掛けから這い出すと、顔に水をかけ、彼に会いにいった。

シメオンは日課である五回の礼拝のときと同じ椅子に座っていた。手招きされて、わたしは隣に座った。

「こんなに早く、わたしのために起こしてしまって申し訳ありません」。わたしは謝った。

「そんなことはない、しばらく前から起きているんです。少しの時間でも話ができてうれしいですよ。昨日、あなたと朝食をともにできるかと大修道院長にたずねてみました。まだ返事はありませんが、五時半の礼拝の前に〝偉大なる沈黙〟を破る許しは出て、感謝しています」

〝それはまたずいぶん寛大だな〟。わたしは密かに思った。

「それで、ジョン、あなたは何を学んでいますか？」

「あらゆることです」。わたしは軽く答えた。「権力と権威の話はおもしろかったですね。それにしても、シメオン、昨日、キムの話を聞いていなかったのを指摘されたのにはまいりましたよ」

「そうですか。あなたがあまり人の話を聞かないタイプだと、気づいていたのでね」

「どういうことですか?」。わたしは警戒した。「自分では、よく聞くほうだと思っていますが」

「昨日の朝、部屋で初めて会ったとき、あなたは少なくとも三回、わたしの話を途中でさえぎりました。わたしは怒らずにいられますが、あなたが導いている人たちの話を途中でさえぎったら、どんな意味に受け取られるでしょうか? あなたの悪い癖だと、誰かに言われたことはありませんか?」

「特にありませんね」。これは嘘だった。わたしにたいするレイチェルの不満のひとつが、人に最後まで話をさせずに自分の意見を言い始めるということだった。子どもたちも苛立っていた。じつは職場でも一度、はっきり言われたことがある。ライバル会社へ転職するという生産管理者と退職面接をしたとき、彼は、わたしほど人の話を聞かない人間に会ったことがないと言った。そのときはあまり注意を払わなかった。辞職する人間は裏切り者で、何もわかっていないと思っていたからだ。

「ジョン、あのように話を途中でさえぎると、いくつかの悪いメッセージを発することになります。第一に、話をさえぎるということは、すでに頭の中で答えを出しているわけで、あなたがわたしの言うことをよく聞いていないのは明らかです。第二に、最後まで聞く時間を惜しんだわけですから、わたしやわたしの意見の価値を認めていないということです。

第三に、あなたはわたしが言いたいことよりも、自分が言いたいことのほうがはるかに重要だと思っている。ジョン、こうした無礼なメッセージは、リーダーが発してはいけないものです」

「そんなふうには思っていませんよ」。わたしは反論した。「あなたのことはとても尊敬しています」

「尊敬の気持ちには、尊敬の行動が伴わないといけませんね」

「気をつけようと思います」。わたしは話題を変えたくて、あわてて答えた。

「あなたの話をしてください、ジョン」。シメオンはわたしの考えを読んだかのように言った。そこでわたしは五分ほどでこれまでの経歴を話し、さらに五分ほどで〝シメオンの偶然〟と、繰り返し見る夢の話をした。

彼は、わたしの話以外に大事なものなど何もないといった態度で、真剣に聞いてくれた。わたしの目をまっすぐに見て、理解していることを示すようにときどきうなずき、話がすっかり終わるまでひと言も言葉を発しなかった。

一分か二分の沈黙のあと、彼は言った。「話してくれてありがとう、ジョン。とてもおもしろかったですよ。人の人生の旅路について聞くのは大好きです」

「何も特別なものはありません」。わたしは謙遜するように言った。「それで、シメオンの偶然についてはどう思いますか？」

「まだわかりませんね」。彼は顎をさすりながら言った。「奥さんの言うように、たぶん何か意味があるような気はします。無意識の心と、それによって生じる夢には、まだまだわたしたちの理解の及ばない意味が含まれていますから」

「ええ、そうでしょうね」

「それで今週、わたしはあなたのために何ができるでしょうか？」

「できれば、お知恵を拝借したいんです。最近ちょっと悩んでいて、気持ちが落ち着きません。人が望むものすべてを手に入れた人間は、満足で幸せだろうと思うでしょう？　でもいま言ったとおり、わたしの場合はそうじゃないんです」

「ジョン、人生の歓びをもたらしてくれるのは物質的なものではないと納得するのに、わたしは何年もかかりました」。彼は宇宙の真実を明かすかのような口調で言った。「まわりを見てごらんなさい。人生の最高の歓びは、すべてお金などなくても手にできる」

「ほんとうにそう思いますか？　シメオン」

「考えてもごらんなさい。愛、結婚、家庭、友だち、子ども、孫、日没、日の出、月夜、輝く星、赤ん坊、触れ合うこと、味覚、嗅覚、聴覚、視覚、健康、花、湖、雲、セックス、選択の可能性、そして人生そのもの。すべてお金なしに手にできるものばかりです」

このとき、何人かの修道士が礼拝堂に入ってきた。もうすぐ時間切れだった。

「シメオン、わたしは今週、あなたから何かを学び取ることになっているんだと思います。それが何かはわかりませんが、仕事や家庭を失う前に、なんとかして人生を立て直さなければいけないことはわかっています。でも正直言って、ここへ来てから気持ちが上向くどころか、ますます暗くなっています。あなたの話を聞けば聞くほど、自分が軌道を外れていたことがわかるからで、こんなに落ちこんだことはありません」

「出発点としては最高ですよ」。シメオンは答えた。

これまでの規範を見直してみる

時計が九つのチャイムを鳴らし始めたとき、室内はざわついていた。

シメオンはみんなを見回して微笑み、優しく言った。「昨日話し合った原理について、手を焼いている人がいるようですね」

「そのとおりだよ！」。軍曹が、グループ全員に言うように大声を出した。「まるでおとぎの国の話で、おれたちが現実世界で習ったことと矛盾してる」

すると牧師が頭を振って言った。「〃おれたち〃というのは誰のことですか？　軍人さん、あなたは古い規範《パラダイム》を見直したほうがいいんじゃないですか」

「パラダイムってなんだよ、牧師さん」。軍曹は唸るように言い返した。「聖書から引っ張ってきたものか？」

シメオンが話を引き取った。「パラダイム、これはいい言葉です。パラダイムとは人生を進んでいくにあたって用いる心の図式、モデル、あるいは地図のことです。パラダイムを上手に使えば、たいへん役立ち、命を救われることさえあります。でも自分のパラダイムは包括的で不変のものだなどと思い、絶えずやってくるあたらしい情報や変化を受けつけずにいると、危険なことになります。時代遅れのパラダイムにしがみついていると、立ち往生して、世界に取り残されるかもしれない」

軍曹は言った。「ああ、わかった。おれの古いパラダイムでは、修道士は変人で、修道院はなんとしてでも避けるべき場所だった。どうしてもここに行けと言い張った大尉のおかげで、そういうパラダイムを見直せてうれしいよ！」

彼があきれた顔をしてみせると、みんなが笑った。いちばん笑ったのはシメオンだった。

「ありがとう、グレッグ」。シメオンは笑顔で答えた。「では、危険なパラダイムの例として、父親に虐待を受けている女の子について考えてみてください。大人の男は信用できないというパラダイムを持てば、その子はなるべく父親に近寄らなくなるから、子どものときにはそれも役立つでしょう。しかし、成長してもそのパラダイムを持ちつづければ、男性とのつきあいに深刻な支障をきたすかもしれません」

「わかります」。看護師が言った。「その子にとって適切なパラダイムは〝すべての男性は信用できない〟ではなく、〝信用できない男性もいる〟でしょう。愚かな男と住んでいるあいだ役に立ったモデルは、より広い大人の世界にそのまま持ちこむには不適切です」

「そのとおりですよ、キム」。シメオンは続けた。「ですから、自分自身や、自分を取り巻く世界、組織、他人に関するパラダイムを、みずから見直すことが重要なのです。いいですか、外界がわたしたちの意識に入ってくるときには、パラダイムというフィルターを通ります。でもそのパラダイムは、つねに正確だとはかぎらないのです」

わたしは言い足した。「わたしたちは世界をそのままに見るのではなく、わたしたち自身を反映して見ると、どこかで読みました。世界は、見方によってまったくちがって見えます。裕福か貧乏か、病気か健康か、若いか年寄りか、黒人か白人か……そういった立場によってもちがって見える。妻はわたしとはまったくちがう見方をしますしね」

校長が言った。「たしかマーク・トウェインが、経験から適切な教訓を得るよう注意しろと言ってますよね。熱いストーブの上に乗った猫になるなと。熱いストーブに乗った猫は二度と熱いストーブに乗らないけど、冷たいストーブにも乗らなくなるのよ」

「すばらしい」。教師はいつもの笑顔で答えた。「古いパラダイムにはどんなものがあるか？　世界は平らだ。太陽が地球の周りを回っている。女性は投票すべきでない。黒人は劣っている。専制君主が人々を統治すべきだ。長髪とピアスは女性だけのものだ……わかりますね。あたらしい考えや物事はしばしば攻撃されて、異端だ、悪魔の仕業だ、共産主義だなどと分類されます。だから旧来のやり方に挑戦するには、かなりの努力が要ります。でも、世界はものすごい速さで変化していますから、信念やパラダイムを見直さないと、立ち往生したり、もっと悪いことにもなりかねません」

コーチが言った。「最近、あちこちで改善の必要性が叫ばれているのはそのせいかしら。組織は信念や古いやり方を見直さないと、世間に取り残されるのね。でも変化するのは大変なことよ。どうしてかしら？」

教師はすぐさま答えた。「変化することで、わたしたちは居心地のいいところから出て、物事をちがったやり方でせざるをえなくなる。それが大変なのです。考えを見直すことで、自分の立場を考え直さなければならなくなりますが、それは不安なものです。多くの人は苦労して大変な仕事と不安に耐えるより、ずっと決まりきったことをやっていたがるのです」

「そんなのはお棺に寝ているようなものね」。校長がにやにやしながら言うと、コーチが続けた。「人生で同じところに留まっていられるはずはないんだから、組織同様、人もつねに改善していかないとだめでしょう。わたしたちは生きて成長するか、衰退して死んでしまうかのどちらかだって、自然がよく示しているわ」

シメオンがさらに言い添えた。「ほぼ全員が、絶えず改善するべきだという考えには賛成でしょうが、変化しないかぎり改善はされません。人々を導くのは、つねに疑問を出し続けて先頭を行く、勇気ある人たちなのです」

「わたしはよく選手に言うのよ」。コーチがつけたした。「犬ぞりの先頭の犬になるのが最高である理由は三つあるってね。ひとつ、つねに新雪につっこんでいける。ふたつ、誰よりも先にあたらしい景色を見ることができる。三つ、しじゅうお尻を見ていなくていい」

「ありがとう、クリス。それは初めて聞きました」。教師は笑ってそう言うと、フリップチャートに歩み寄り、グループで話し合えるように、新旧のパラダイムの例を書き出した。

●古いパラダイム	●あたらしいパラダイム
アメリカ合衆国は無敵	世界的競争
中央集権的な運営	分散化された運営
日本製＝粗悪品	日本製＝優良品
管理	指導

自分の考え	因果関係
破綻するまでそのまま	絶え間ない改善
短期の収益	短期と長期の収益のバランス
労働者	同僚
変化を避けて恐れる	変化は常にあるもの
まずまずいい	無欠陥《ゼロディフェクト》

シメオンは続けて言った。「組織の運営に関してわたしたちが持っている古いパラダイムも、見直しが必要かもしれませんね。組織の不適切なパラダイムを、あたらしく変化し続ける世界に持ちこもうとしているのかもしれない。では、今日《こんにち》の組織運営に広く使われているパラダイムとは、どんなものでしょう？」

「ピラミッド型」の限界

例によって、軍曹が飛びついた。「ピラミッド型の運営だ。上から下の方向だな。わたしの言うとおりにしろ。おまえの意見は、わたしが与える。〝金を持っている人間が規則を作る〟という原則に従って生きているんだ」

「あなたの言うとおりだと思うわ、グレッグ」。校長が話に入ってきた。「ベビーブーマーやジェネレーションX世代がもっとうまいやり方を見つけるかもしれないと考える向きもあったけど、そうでもないみたい。彼らもどうやら先人の跡をたどっているようだわ」

シメオンはゆっくりとした足取りで、ふたたびフリップチャートに歩み寄った。「それでは、なぜこの国でピラミッド型の組織運営が広まったのかを話し合ってみましょう」

彼は大きな三角形を書き、それを五つの部分に分けた。「上から下に向かうピラミッド型の運営は、戦争と専制君主制から借りてきたとても古い概念です。たとえば軍隊では、いちばん上に大将がいて、次の階級に大佐か何か、その下に大尉や中尉、そして軍曹がいますが、いちばん下には何が来るでしょう?」

「歩兵《グラント》だ!」グレッグが言った。

「では、敵といちばん近く接するのは誰ですか? 大将でしょうか、歩兵でしょうか?」

「それは、もちろん歩兵だわ」。コーチが答えた。

シメオンは軍の称号の上に、典型的な組織での肩書きを書き添えていった。「軍のモデルを企業組織に置き換えてみましょう。大将の場所にはCEO、大佐には副社長、大尉と中尉には中間管理職、軍曹には監督者。さて、組織のいちばん下には何が来るでしょう?」

「下っぱ《グラント》です」。三人がほぼ同時に答えた。

「いや、ちがうでしょう」。牧師は言った。「わたしたちは学習して、彼らのことを仕事仲間《アソシエイト》と呼ぶようになっています」

「ありがとう、リー」。教師は微笑んでから続けた。「このモデルの場合、客はどこに位置しますか？　得意先にいちばん近いのは誰でしょう？　ＣＥＯ？　それとも、作業をして製品の価値を生み出す人々？　答えはわかりますね」

わたしが意見を述べた。「わたしは、工場でガラスを箱詰めする人間がいちばん客に近いと教わりました。わたしは客と面識があって、昼食をともにすることもあります

「上から下へ」――ピラミッド型の古いパラダイム

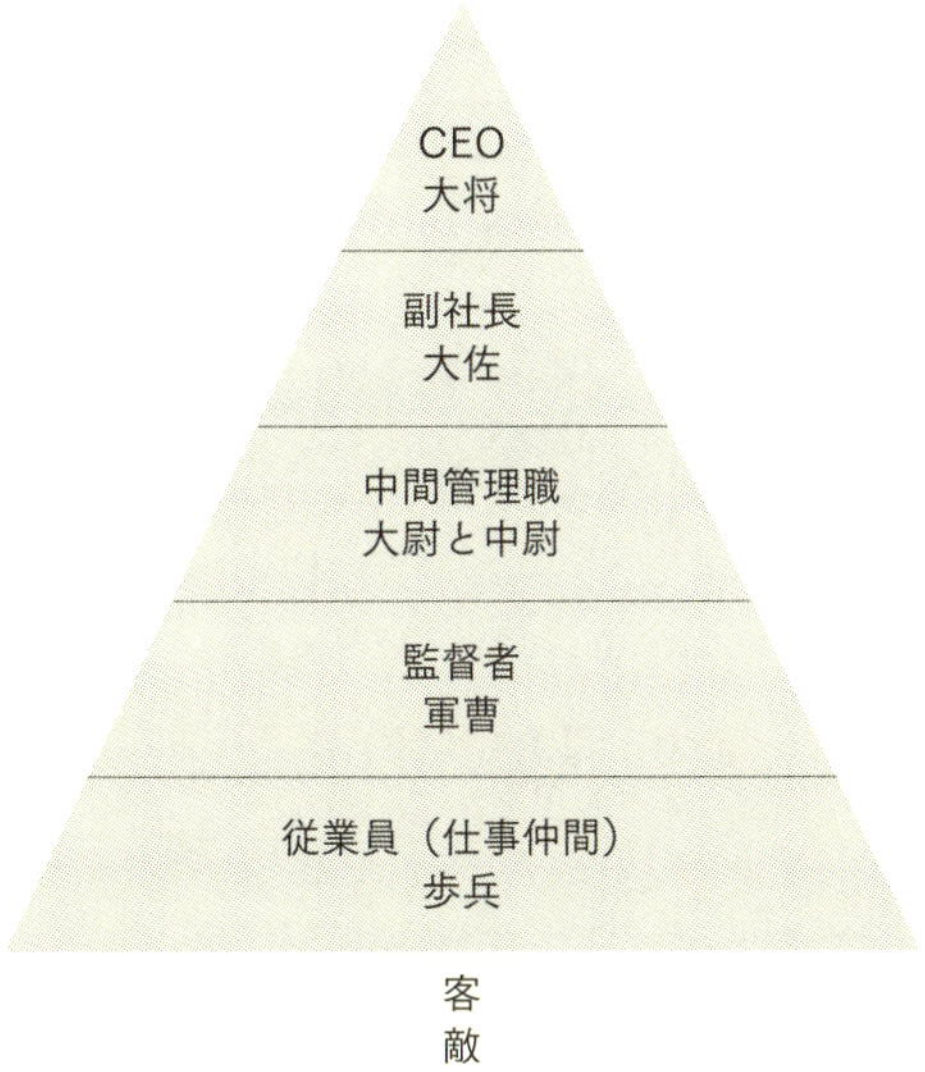

が、客にとっていちばん重要なのは、箱を開けたときに中に入っているものです。その箱の中身、つまりガラスを見る最後の人間は、作業フロアの従業員です。だから、彼らがいちばん客に近いのです」

「すると、このようなモデルができますね」。シメオンはそう言って、フリップチャートから戻ってきた。「これは今日の組織を動かすのにいいパラダイムでしょうか?」

「ひとつ確かなのは、物事を成し遂げるのに効率的な方法だってことだな」。いくらか言い訳するように言ったのは軍曹だった。「昔ながらの合衆国は、このやり方で成功してきたんだ。長いこと有効だったんだよ」

牧師が意見を述べた。「まあ、二十世紀前半のアメリカの軍事的勝利を考えれば、上から下に向かって支配する、無条件に命令に従わせるやり方がいいと信じるのも無理はなかったと思います。職場や家庭、スポーツチーム、教会といった非軍事的組織を運営するのにも、それが最善の、おそらく唯一の方法だと多くの人が考えたでしょう」

「戦争に勝つのに軍のモデルが有効なのは、疑う余地がありません」。教師はうなずいて、同意した。「でも、さっき話した虐待された女の子のように、わたしたちは、母国の防衛に完璧だったモデルを、不適切にも、それがあまり効果的でない世界にまで持ちこんではいないだろうか。このモデルは今日でもうまく機能するのでしょうか? それとももっといい方法があるのでしょうか？」

「いいですか」。牧師が話し始めた。「あなたが書いたモデルを見て、客が敵と同じ位置になったので驚きました。会社は客を敵と見なしているわけではないですよね？」

「すくなくとも、意識してそう見なしてはいないと願いたいわ」。看護師が答えた。「でも、その図を見ていると、組織のメンバーがどんなメッセージを受け取るか心配になるわね」

「どういう意味だい？」。わたしはたずねた。

「誰もが上を、上司のほうを見ていて、客を見ていない」。彼女はすぐに答えた。

「よく気づきましたね、キム！」。シメオンは声を大きくした。「上から下へというパラダイムでは、まさにそういうことになります。皆さんの組織の従業員なり仕事仲間なりに、誰を喜ばせようと思っているか、誰のために働いているのかとたずねたら、大半の人はなんと答えると思いますか？」

わたしはこの質問に飛びついた。「〝客〟と答えてほしいところだが、〝上司〟と答えるんじゃないかな。実際うちの工場の従業員たちは、〝上司の機嫌を損ねないようにしてる。上司の機嫌がよければ人生順調だ〟とでも言いそうだ。残念ながら、それが事実です」

「正直な意見ですね、ジョン」。教師がうなずいた。「わたしも同じような経験をしました。今日、多くの組織の人々が上司の顔色をうかがっています。誰もが上司の機嫌を損ねまいとしていたら、誰が客を喜ばせることを考えるのでしょう？」

校長は困ったような顔をして、ゆっくり話し始めた。「皮肉で寂しい話ね。もしピラミッドが上下逆なら？　客をいちばん上に持ってくるの。そうしたら道理は通るかしら？」

教師はフリップチャートのほうへ歩いていった。「テレサの提案どおり、この上から下へと向かう原理を上下さかさまにしてみましょう。ある時点まで完璧と思われたパラダイムが今では適切でないとして、テレサの言うとおり、三角形をさかさまにして客をいちばん上においたら、どうなるでしょうか。先ほど話し合ったように、いちばん客に近いのが仕事仲間や従業員。それが現場の監督者に支えられて、残りも続く。あたらしいパラダイムはこのようになります」

シメオンはフリップチャートから戻ってきた。

「歌の世界にでも生きてるんじゃないか、シメオン」。軍曹は言い張った。「従業員がいちばん上で、その場を仕切るだなんて。心温まる話で理屈としてはおもしろいが、現実世界では考えられないいな」

「逆ピラミッド型」の可能性

「もう少しつきあってもらえませんか、グレッグ」。シメオンは言った。「いちばん上の客に奉仕するよう焦点をしぼっている組織があるとしましょう。このさかさまのピラミッドの図のように、現場の従業員が心から客のために動いて、そのニーズを満たしている組織を想像してみてください。現場の監督者は従業員を自分たちにとっての客と考えて、彼らが何を必要としているのか見極め、応えようとします。同様にピラミッドを下っていくのです。

それぞれがあたらしい考え方、あたらしいパラダイムを取り入れなければなりません。そうすれば、リーダーの役割は支配したり自分の下の階層に威張りちらしたりす

「下から上へ」——逆ピラミッド型のあたらしいパラダイム

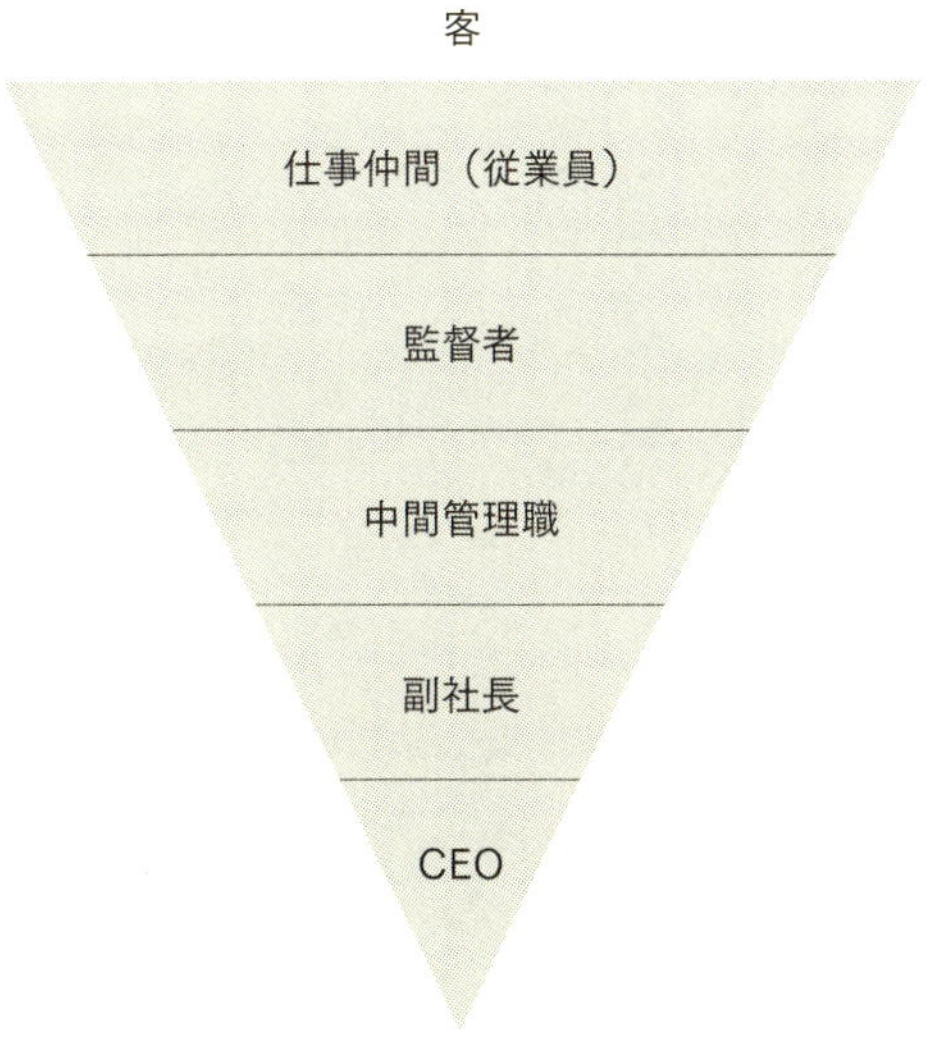

ることではないと気づくでしょう。むしろ、リーダーの役割は奉仕することです。おもしろい逆説ですよね。奉仕することで、最高のリーダーになれるかもしれないのです」

看護師が言葉をはさんだ。「わたしは職場の監督者に、患者のお世話をするのに邪魔になるものを取り除くのがあなたたちの仕事だって言うんです。みんなのために行く手の段差をなくしていく大きな地ならし機になるようにって。シメオン、あなたの言葉を使えば、障害物を取り除くのは人々に奉仕するってことなんですね」

「キムの言うとおりです」。牧師が言い添えた。「残念ながら、障害物をなくすのではなく、邪魔立てするほうに一生懸命なマネジャーが多すぎます。以前の仕事のとき、邪魔をしてくる監督者のことを、わたしは〝カモメ野郎〟と呼んでました。ときどき飛んで来ては大騒ぎして、小言をいい、昼飯を食べて飛び去っていく。誰でもそんなマネジャーをひとりやふたり知っているんじゃないですか」

「わたしの上司の考えは、もっとはっきりしています」。看護師が言葉をついだ。「彼女はマネジャーはすべて〝間接費〟だというんです。マネジャーになって、飛行機で乗客にサービスしたり患者のおまるを洗ったりフォークリフトを運転したりするのをやめてしまったら、製品やサービスに価値を付加しなくなる。だから〝間接費〟だって」

「間接費とカモメ野郎、どちらが悪いのかわかりませんね」。シメオンは笑いながら答えた。「多くのリーダーたちが、リーダーとしての責任《ヽヽ》ではなく、権利《ヽヽ》のことばかり考えているのは、残念なことです」

「労働組合の契約を話し合っているときでさえ」わたしはゆっくりと言った。「会社と組合は、契約の〝マネジャーの権利〟の項目でえんえんと争っていましたよ」

「そろそろ正午の礼拝の時間です」。シメオンは微笑みながら言った。「ここまでを要約すると、リーダーとは、人々が必要とするものを見極めて、それに応える人物、障害を取り除き、客に奉仕できるようにする人物ということですね。つまり、人を導くためには奉仕しなければならない」

「もっと現実を見ろ」。軍曹はドアへ向かいながら小声でつぶやいていた。

昼食後、わたしは午後の話し合いが始まる前に湖岸を散歩することにした。グレッグが一緒に行きたいと言った。「それはいいね」。わたしは気を遣って嘘をついた。軍曹は、もっとも一緒に散歩をしたくない人物といってもよかったのに。

二分ほど黙って歩いたところで、彼が訊いてきた。「権力と権威だの、人に奉仕するだのという話をどう思う？」

「まだわからない。とりあえず聞いているよ」。わたしは答えた。

「現実の世界で通用するとは、とても思えない。ギリシャ語でも聞いてるみたいに意味不明だよ」

「わたしだってだよ、グレッグ」

わずか五分のうちに、わたしはグレッグに二度めの嘘をついていた。シメオンの言葉は、わたしにとっては意味不明の外国語などではなかった。耳にしたとたん、真実だと感じていた。

「欲求」ではなく「ニーズ」に応える

チャイムが二度鳴って午後の話し合いが始まるのを告げたとき、みんなはすでに揃っていたが、不思議なくらいに静かだった。

シメオンがひと言も発しないうちに、軍曹が言った。「あんたが何年も前にいいリーダーだと思われていたことは知ってる。尊敬するよ、シメオン。だが、監督者に、従業員のしたいようにさせろと命じて成功したとは思えないね！　そんなふうに人を管理、いや失礼、導こうとしたら混乱しちまうだろう。完璧な世界ではあんたの言うとおりかもしれないが、この世界では、したいことをしていてはうまくいきっこないよ」

「すみません、グレッグ」。教師は話し始めた。「奉仕者《サーバント》になるという意味を、きちんと説明できていなかったようですね。リーダーは人のニーズを見極めてそれに応える、そういう意味で人に奉仕するべきだと言ったのです。人の欲求を見極めて応え、彼らの奴隷になれと言ったわけではありません。奴隷は他者の欲求を満たすのにたいし、奉仕者は他者のニーズに応えます。欲求を満たすのとニーズに応えるのとでは、大きなちがいがあります」

「そのちがいはなんなんだ？」。グレッグは少し落ち着いた口調になっていた。

シメオンはすぐに答えた。「たとえば、親が子どもたちをやりたい放題にさせたとします。子どもたちは走り回って、それこそ混乱状態になるでしょう。彼らの欲求どおりにさせることは、彼らのニーズに応えるのとはちがいます。子どもと大人には、境界線のある環境、基準があって責任を問われる場所が必要です。境界線や責任なんて欲しくないかもしれませんが、必要なのです。無規律な家や職場は誰のためにもなりません。リーダーは、並みのレベルや次善の策に甘んじるべきではありません。できるかぎり最高のレベルに人を押し上げる必要があるのです。人はそれを望まないかもしれませんが、リーダーはつねに、欲求よりもニーズを考えているべきです」

自分でも驚いたことに、わたしはここで話したい気分になった。「うちの工場で働いている従業員は、時給二十ドルを要求しています。もしそんなに払ったら、おそらく数ヵ月で会社は立ちゆかなくなるでしょう。ライバル会社はもっと安いガラスを作れますからね。最終的に、従業員の欲求は満たせても、彼らのニーズである安定した長期の雇用は提供できなかったかもしれない」

「ニーズと欲求は、どうしたらはっきり区別できるのかしら?」。看護師がたずねた。

「欲求とは」教師が説明をした。「心身におよぼす影響をまるで考えない願い、希望です。いっぽうニーズとは、人間としてよい状態にあるために、心身が正当に求めるものです」

「ちょっと難しいですね」。看護師が疑問を呈した。「人はそれぞれちがうから、当然ニーズもちがうでしょう。もちろん、敬意を払ってもらいたいというような、万人共通のニーズもあるとは思うけど」

「いい指摘ですね、キム」。わたしはすぐに同意した。「うちの長男、ジョン・ジュニアは頑固な子で、娘のサラは従順です。ふたりのニーズはちがいますから、親としてはちがった接し方をしなければならない。職場でも同じです。新入りの従業員のニーズは、わたしより仕事に通じている二十年選手の従業員のニーズとは、まったくちがいます。人がちがえばニーズも変わる。だからリーダーは融通が利かなければならない」

教師が続けた。「リーダーの役割が人々の正当なニーズを見極めてそれに応えることだとしたら、わたしたちは、何がメンバーのニーズなのか、つねに自問しなければなりません。皆さん、家庭なり教会なり学校なりで、自分が導いている人々のニーズを挙げてみてください。もしそれに詰まったら、自分のニーズは何かを考えてみてください。そうしたら、また先に進めるはずです」

軍曹が言った。「そうだな、職場でフォークリフトを運転してるチャッキーには、動きのいい機械、適当な道具、訓練、資材、そこそこの給料、それに安全な仕事環境が必要だ。それで幸せだろう」

シメオンは答えた。「いいですね、グレッグ。それで物質的なニーズは網羅されています。でも、チャッキーは心理的なニーズも満たされなければなりません。それらはどうでしょうか？」

このとき、わたしが参加者の中でいちばん頭がいいと思っている看護師のキムが、立ち上がってフリップチャートに歩み寄り、あらたにピラミッドを書いた。

彼女は話し始めた。「自分でも信じられませんが、シメオンから、話したい気持ちになったら話すようにと言われたので、実行します」

「優等生だな！」。わたしはキムに向かって大声で言った。

「ジョン、からかわないでよ！　精一杯なんだから」。彼女は微笑みながら言い返した。

「大学の心理学入門クラスで、エイブラハム・マズローの唱える、人間のニーズの階層について習いました。人のニーズは五段階に分かれていて、いちばん下は食べ物や水、住まいで、二番めは安全と安心といった具合です」

看護師はフリップチャートから戻ってきて続けた。「まず下のレベルのニーズが満たされて初めてその上のニーズが生じます。いちばん下の階層では、正当な賃金や手当を支払われることで、食べ物や水、住まいのニーズが満たされます。二番めの階層は安全や安心のニーズで、これは職場では、シメオンがさっき言っていた、境界線や基準を設けた安全な仕事環境ですね。一貫性や予想できる展望といったものも含まれます。マズローは、これらは安全や

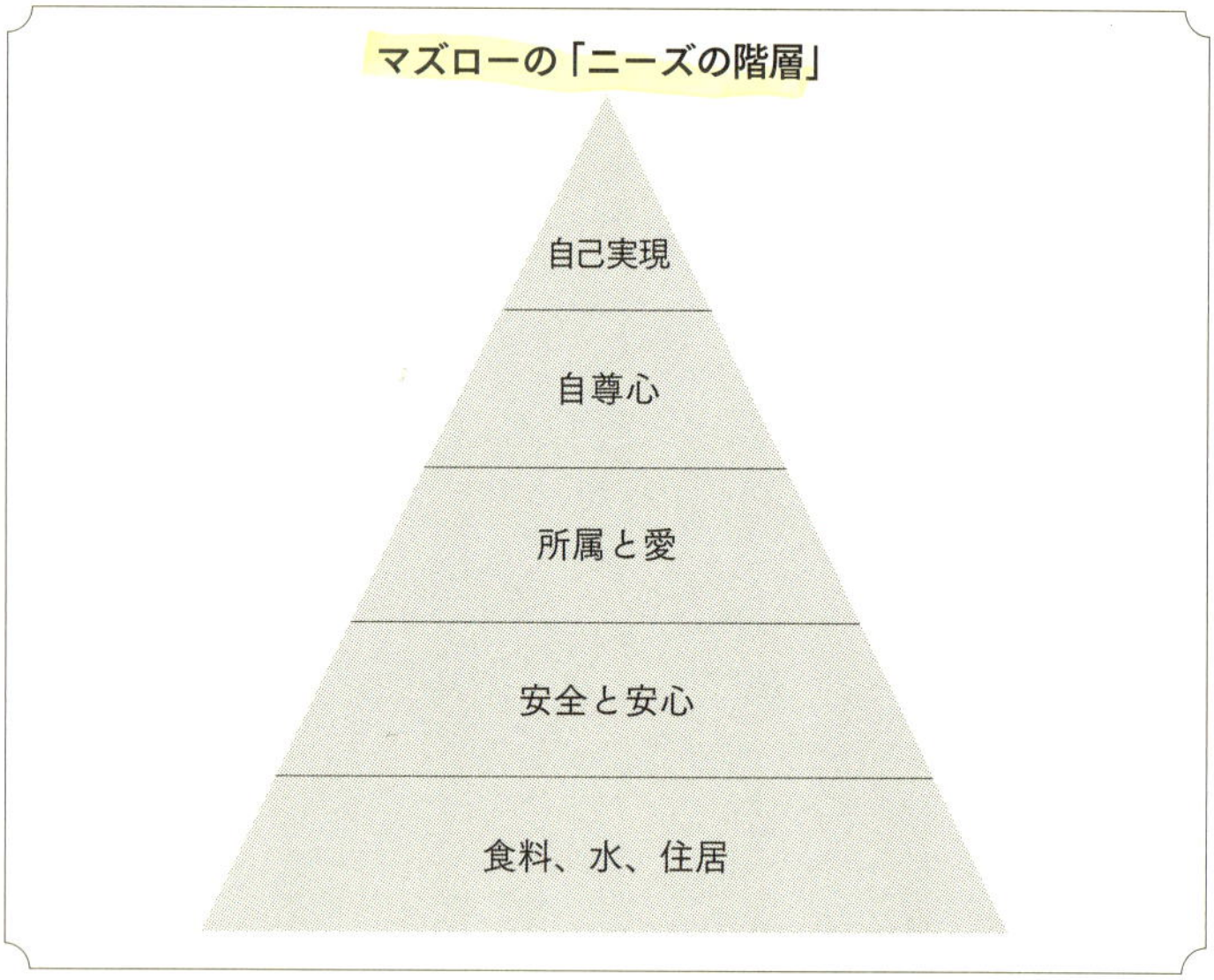

安心のニーズを満たすのに重要だと言っていました。マズローは甘やかす子育てを支持してはいませんでした」

「続けて、キム」。テレサが励ました。「いい調子よ！」

キムはにっこり笑って話を続けた。恥ずかしそうな様子はなくなっていた。「とにかく、これらが満たされたら、今度は所属と愛のニーズが生じます。これには、健全なグループに健全な関係で受け入れられることも含まれます。これらが満たされたら、今度のニーズは自尊心です。価値を認められ、敬意をもって扱われること、感謝され、奨励され、存在を評価されて報われることなどで、このニーズは満たされます」

「ああ、ぬくぬくと甘やかされていればいいさ」。軍曹が茶化した。

「まだ先があります」。看護師は微笑んで続けた。「これらが満たされたら、自己実現へと進みます。これは多くの人が説明に苦労するものでしょうが、わたしの考えでは、自己実現とは、できるかぎり最高の自分になること、あるいはその可能性をつかむことです。誰もが会社の社長や全米代表選手、卒業生総代になれるわけではありません。でも誰もが、できるかぎりの範囲で最高の従業員や選手や学生になれます。わたしがシメオンの話を正しく解釈できていれば、リーダーは人々に、なれる範囲で最高になるよう後押ししてやらなければなりません。フォークリフトのチャッキーは会社の社長にはなれないかもしれないけど、可能なかぎり優秀なフォークリフトの運転手になるよう励ますことはできるはずです」

「〝きみがなれる最高の人間になれ〟って、聞き覚えがありますよね？　グレッグ」。牧師がくすくす笑いながら言った。「テレビでさんざんやってた、陸軍のＣＭソングですよ。グレッグのためにみんなで歌いましょう」

その日の話はここで終わった。わたしたちは陸軍の歌を声をかぎりに歌いながら部屋を出た。

3日目

「奉仕」と「犠牲」とリーダーシップ

リーダーになりたい者は、まず奉仕者《サーバント》でなければならない。導きたければ、奉仕しなければならない。

——イエス・キリスト

火曜日の朝、五時を数分まわったころに礼拝堂に行くと、シメオンはすでに座って待っていた。

「おはようございます、ジョン」。彼は明るく挨拶をした。

「遅くなってすみません」。わたしは、まだ少しぼんやりした頭で答えた。「あなたは元気一杯ですね。普段は何時に起きるんですか?」

「日曜日の朝以外は、四時十五分前です。そうすれば、最初の礼拝の前に心を集中する時間を持てますから」

「わたしには早過ぎるな」。わたしは頭を振りながら言った。

「それで、ジョン、どんなことを学んでいますか?」

「わからないんですよ、シメオン。グレッグに苛々して集中できません。彼は何にでも異議を唱える。軍隊の訓練のせいでしょうか。好き勝手に邪魔させておかないで、彼をたしなめるなり、追い出すなりしてくれませんか?」

「グレッグのような人こそ、わたしのクラスにいてほしいと思います」

「あんなやつに、ほんとうにクラスにいてもらいたいんですか?」。わたしは信じられずにたずねた。

「そうですとも。実業界で最初に指導してくれた人が、反対意見の重要性について厳しく教えてくれたのです。わたしはかつて板金製造会社の若い副社長で、とにかく自主性第一の、〝みんなで協力して楽しくやろう〟というタイプのリーダーでした。副社長にはあとふたり、ジェイとケニーという人がいましたが、彼らは、〝人間はそもそも怠け者で嘘つきだから棒で突いて働かせなければならない〟という考えでした」

「グレッグみたいなタイプですか？」

「グレッグの考えはわかりませんよ、ジョン。早急な判断には注意しましょう。それにグレッグは今ここで自論を説明できない。その場にいない人について否定的な話をするのはなるべく避けたいものです」

「たぶんそれがいいやり方なんでしょうね」。わたしはうなずいた。

「わたしはこれまで、自分がされていやなことは人にしないという方針でやってきました。ずいぶん失敗しましたがね。あなたも陰で噂されるのはいやでしょう？」

「たしかに」

「ジェイとケニーに話を戻しましょう。重役会議で従業員の問題を話し合うたびに、わたしはこの副社長たちと激しく衝突しました。ふたりはかならず、より厳しい方針と処置を主張して、わたしはより民主的で開放的な経営スタイルを主張しました。わたしはいつも、ジェイとケニーの恐竜のようなやり方は会社を潰すだろうと思っていましたが、ジェイとケニーのほうは、わたしが隠れた共産党員で、会社を見捨てようとしていると思っていたようです。上司のビルは、会社の社長で個人的に友人でもあったのですが、こうした闘いを根気よく仲裁して、彼らの味方をするときもあれば、わたしの味方をするときもありました」

「その人も大変だったでしょうね」

「ビルは大丈夫です」。シメオンは即答した。「ビルの判断はいつでもはっきりしていました。とくにビジネス上の必要性に関してはね。ある日、会議がいつも以上に白熱したとき、わたしはビルを脇に引っ張っていって言いました。〝あのばかなふたりをクビにして、きちんとした楽しい話し合いをしませんか？〟。そのときの彼の答えを、わたしは死ぬまで忘れないでしょう」

「クビにするのに同意したんですか？」

「逆ですよ、ジョン。ビルは、彼らをクビにするのは会社にとって最悪のことだと言ったんです。もちろんわたしは理由をたずねました。彼は私をじっと見つめて言いました。〝いいかい、きみの言うようにしたら、それこそ会社を見捨てることになる。あのふたりはきみがバランスをとるのを助けているんだよ〟。でも、わたしはビルに腹を立てて、その後一週間、口をききませんでした」

「昨日あなたが使った言葉で言えば、ビルはあなたの欲求ではなくニーズに応えたんですね」

シメオンはうなずいた。「傷ついた心が癒えたら、ビルが正しかったとわかりました。わたしはジェイやケニーとしょっちゅう衝突しましたが、最終的な決定はいつでも、うまくバランスのとれた折衷案だった。わたしには彼らが必要で、彼らにはわたしが必要だったのです」

「ここに来てから、わたしも自分の職場の上司がいかに賢明な人かわかってきました。彼はいつもわたしやほかの工場のマネジャーに、なんでも賛成する人間や自分に似た人間ばかりをそばにおくなと注意します。〝会議で十人全員がすべてに賛成だとしたら、そのうちの九人はいなくてもいい〟というのが口癖です。どうやら彼の話をもっと聞く必要がありそうだ」

「たしかに賢い人のようですね、ジョン」

「ええ、そう思います。ところで、朝早くに礼拝堂で話す代わりに朝食の席で会うという話は、どうなりましたか？」

「残念ですが、昨晩、大修道院長が部屋に来て、それについては認められませんでした」

「わたしと一緒に食事をするのに、ほんとうに許可がいるんですか？」。わたしは少し傷ついた気分になり、嫌味っぽく言った。

「ええ。日曜日の朝に言ったとおり、修道士は隔離された場所で食事をともにします。よそで食事をとるには特別な許可が必要です。不許可は、もっともな理由があってのことだと思います」

その前の日の午後、休憩時間に構内を歩いていたとき、わたしは大修道院長に会った。二十年以上前に修道士たちから大修道院長に選出されたそうだが、非常に高齢で、くたびれ、多少おいぼれて見えた。それなのにレン・ホフマンは、朝食をわたしと一緒に食べるだけのことで、あの弱々しい老人から特別な許可をもらわなければならないと言う。そして許可は下りなかった！　わからない。

遠慮がちに、わたしはたずねた。「誤解しないでほしいんですが、わたしと一緒に食事をするのに許可をとらなければならないなんて、ちょっとばかばかしいと思いませんか？」

「最初はそう思ったかもしれません」。彼は答えた。「でも今では、深く考えたりはしません。誤った自我や自尊心を捨てるのに有効だったもののひとつに、従順があります。油断すると、自我と自尊心はわたしたちの成長にとって大きな障害となります」

「なるほど」。わたしは彼の話がのみこめないまま、うなずいた。

もっとも偉大なリーダーは誰か？

その日は、九時のチャイムとともに校長が手を挙げた。

「はい、テレサ」。シメオンが応えた。「この美しい朝に、何をたずねたいのですか？」

「昨晩、夕食の席で、もっとも偉大なリーダーは誰かという話で盛り上がったんです。たくさんの名前が挙がりましたが、ひとりには決められませんでした。シメオン、あなたは誰がもっとも偉大なリーダーだと思いますか？」

「イエス・キリストですね」。率直な答えが返ってきた。

グレッグを見ると、やれやれという顔をしている。ほかにもひとりかふたり、居心地が悪そうな様子の者がいた。

テレサが続けた。「あなたはキリスト教徒だし、普通とは言えない生活様式を選んでいますから、キリストが優れたリーダーだと信じるのもわかります」

「いいえ、優れたリーダーではない、つねにもっとも偉大なリーダーなのです」。シメオンは念を押すように言った。「わたしは、あなたがたの多くが想像もしないような理由からこの結論に達しました。ほとんどが実際的な理由ですよ」

「お願いだから、キリストの話に脱線しないでくれよ」。軍曹が口をはさんだ。「そんなことを聞きにきたんじゃない。ここに来たのは、いや来させられたのは、リーダーシップについて学ぶためなんだから」

「悪いが、グレッグ、ちょっとは話を聞いたらどうだ」。わたしはぴしゃりと言った。

シメオンがグレッグにたずねた。「二日前にやった、リーダーシップに関する定義は気に入りましたか？」

「ああ、じつは気に入ったよ。話をまとめるのに協力しさえした」

「そうでしたね、グレッグ。リーダーシップとは、共通の利益になると見なされた目標に向かって熱心に働くよう、人々に影響を与える技能だということで合意しました。そうですね？」

「そのとおりだ」

「さて、この定義を具体化するのに、イエスほど適任な者は、これまでいないのです。事実を見てみましょう。わたしがここに立っている今、二十億人、つまり地球上の人口の三分の一がキリスト教徒だとされています。また、この国の最大の祝日のふたつ、クリスマスとイースターはイエスの人生の出来事に基づいていますし、カレンダーさえ、彼の誕生からの年数を記しています。仏教徒でもヒンドゥー教徒でも、たとえ無神論者でも、イエスが歴史を通じて何億人にも影響をおよぼしてきた人物であることを否定はできないでしょう」

「言いたいことはわかるが……」

「あなたはキリストの、リーダーとしての方針をどのように説明するのかしら?」。看護師のキムがそうたずねると、牧師が大きな声を上げた。

「ちょっと話したいことがあります。わたしの記憶では、イエスは、人を導くにはみずから望んで奉仕しなければならないと言いました。僕《しもべ》としてのリーダーシップと言っていいのかもしれない。ここで思い出してほしいのは、イエスが権力を行使しなかったのは、彼に権力がなかったからだということです。ヘロデ王、ピラト、ローマ人、力を持っていたのはこうした人たちです。でもイエスには権力の代わりにとてつもなく大きな影響力があった。シメオンが権威と呼ぶものですね。そして彼は今日でさえ、人々に影響を与えています」

「あなたがリーダーとして成功した方法を聞きたいわ」。コーチのクリスが言いだした。

「あなたのリーダーシップはどんな感じだったのかしら? シメオン」

「イエスを真似たものだと告白しますよ。よろこんでお話ししましょう。勝手に拝借したものですから、気前よく教えましょう」。彼はにやりと笑って言った。

そしてフリップチャートに歩み寄ると、ふたたび上下さかさまの三角形を書いて五つに分け、いちばん上の部分に〝リーダーシップ〟と書いた。

「リーダーシップはわたしたちが目指すものなので、ピラミッドのいちばん上に書きます。上下さかさまのピラミッドは奉仕によるリーダーシップのモデルを象徴するものです。もう一度、聞きましょう。リーダーシップをどう定義しましたっけ？　グレッグ」

「共通の利益になると見なされた目標に向かって熱心に働くよう、人々に影響を与える技能だ。暗記しちまったよ」。彼はすらすらと言った。

「ありがとう。さて、時間が経ってもずっと有効なリーダーシップは、権力ではなく権威の上に打ち立てられなければなりません」。シメオンはそう言って、三角形の図の上から二番目に〝権威〟と書いた。

「権威をどう定義したか、覚えている人はいますか？」

すぐに看護師が、ノートも見ずに言った。「個人的な影響力によって、望みどおりのことを誰かに進んでやらせる技能です」

「そのとおりです。ありがとう、キム。さて、ではどうしたら人々にたいする影響力を持つことができるでしょうか？　どうしたらその気にさせられますか？　権威は何の上に作られるのでしょう？」

「イエスは影響力、つまりリーダーシップは、奉仕の上に作られると言いました」。牧師が答えた。「初日に、これまでの人生で影響力と権威とで導いてくれた人物を説明する演習をしたとき、わたしは最初の上司であり指導者《メンター》だった人物を選びました。その女性はほんとうにわたしのためを思ってくれて、わたしの昇進を自分のこと以上に心配してくれた。シメオン、あなたが言ったとおりですよ。彼女は、わたしが気づく前に、わたしのニーズに応えてくれた。それをわたしに気づかせもせずに、奉仕してくれていたんです」

「ありがとう、リー。奉仕の意味をうまくつかんでくれました。権威はつねに、奉仕と犠牲の上に成り立ちます。あなたがたが選んだ、権威で導いてく

リーダーシップのモデル

れた人物のことを思い出してください。きっと、なんらかの形であなたのために奉仕し、犠牲を払った人物だったはずです」

わたしはすぐに母のことを思った。

「犠牲」がもたらす影響力

「だがシメオン、あんたは気づいていないかもしれないが、実際のところ、この世界は力の世界だ」。軍曹は言い張った。「現実世界で、奉仕や犠牲が何かを成し遂げるのに有効だった例があったら、教えてくれないか？」

「じゃあ、イエスの生涯はどうですか」。牧師が提案した。「彼は権力を行使せず、影響力だけで世界を変えました。イエスはかつて言いました。〝もしわたしが高く持ち上げられたら、すべての人々がわたしに惹きつけられるだろう〟。もちろん十字架に架けられることの話です。そして実際、その犠牲の結果として多くの人々を惹きつけました」

「お説教はやめろ」。軍曹は顔を赤くして、吐き出すように言った。「二千年前の話などするな。おれは現実世界のことを訊いたんだ」

「だったら二十世紀の例を見てみましょうか」。今度はシメオンが言った。「インドの小柄な男性のことを覚えていますか？　力はいっさい持たず、権威をもっていくつかのことを成し遂げました」

「ガンジーね」。校長のテレサが答えた。「力がないと言ったら、このうえないわね。背は百五十センチ足らずで体重も四十五キロほどしかなかったのよ。自分が、人口三億人の、事実上大英帝国の奴隷国家に生きていることに気づいたガンジーは、暴力を行使せずにイギリスから独立を勝ち取ると、こともなげに宣言した。みんなが笑ったけど、彼は成し遂げたわ」

「どうやったんだ？」。軍曹がたずねた。

「彼は、不公平な現状を知ってもらうには、世界の関心をインドに集めなければならないと考えたの。そして自分の支持者たちに、国の自由という大義のために犠牲を払わなければならないが、その犠牲を通して世界じゅうの人たちに影響力をおよぼせるだろうと話した。あらゆる闘いには痛みや苦しみがつきものであり、非暴力の市民的不服従という闘いにおいても痛みと苦しみに耐えなければならない、と。でも彼は、負けるはずはないと確信していたんです。ガンジー自身、多大な犠牲を払いました。その市民的不服従の行為によって収監され、インドの窮状にさらなる関心を引くために厳しい断食もおこないました。世界が気づくまで、国の自由という大義のために、奉仕し犠牲を払ったんです。ついに一九四七年、大英帝国はインドに独立を与えたばかりでなく、ロンドンの中心街でガンジーを迎えてパレードをしました。彼は銃にも暴力にも権力にも頼らずにそれを成し遂げた。影響力によって成し遂げたのよ」

「マーティン・ルーサー・キングのことも忘れないで」。コーチが言葉をはさんだ。「一九五〇年代後半に、キング牧師がガンジーのやり方を学ぶためにインドに行ったのを知っている人は少ないでしょう。そこで学んだことが、六〇年代初期の公民権運動で彼の方針に大きな影響を与えたのよ」

「六〇年代初期には、わたしはまだ幼かったわ」。看護師が言った。「でも南部の黒人たちが当時、バスでは後ろに座らなければならないとか、レストランでは食事を出してもらえるとしても座席が区別されているとか、水飲み場も〝有色人種用〟のものを使わなければならないとか、ひどい屈辱に耐えていたのは知っています。こんな差別が実際この国にあっただなんて、信じられないわ」

コーチがあとを引き取った。「キングは、ガンジーと同じように、犠牲や苦しみを通して目的に向かえば、黒人が苦しんでいる不平等に国民の目を向けられると信じたの。マルコムXやブラックパンサーのように、力にたいして力で闘おうとした人たちもいた。でも、力はさらなる力を生んだだけだった。キングの真髄は、暴力に頼らなくても黒人の公民権を獲得できると主張したことよ。彼のことも、最初は多くの人が笑ったわ」

校長が言った。「キングにとって、道は険しいものでした。何度も殺すと脅《おど》されたし、家族にたいする脅迫もあった。市民的不服従の罪で刑務所に入れられ、家や教会を焼夷弾で爆撃された」

「キングと公民権運動が短期間のうちに成し遂げたことを思い出してちょうだい」。コーチが続けた。「キングは最年少でノーベル平和賞を受賞した。タイム誌の〝その年の顔〟に、アフリカ系アメリカ人として初めて選ばれた。そして過去の法律の中でもっとも広範囲な公民権を認めた公民権法が一九六四年に制定されて、今も有効よ」

看護師がさらに言った。「黒人はバスでもレストランでも好きなところに座れるようになったしね。キングが力に頼ることなく成し遂げたことは、たしかにすばらしいわ」

短い静寂ののち、牧師が静かに話し始めた。「コメディアンのジョニー・カースンが、ジョークにできない人物がひとりだけいると言っていたのを思い出しました。マザー・テレサです。マザー・テレサがらみのジョークには誰も笑わないという。どうして誰も笑わないのでしょう?」

コーチが答えた。「彼女がこの国で、いえ世界じゅうで、ものすごく大きな影響力を持っていたことと関連があると思うわ」

「そんな権威を、彼女はどこから手に入れたんでしょうか?」。牧師が続けた。

「あの女性は奉仕したわ」。看護師が簡潔に答えた。わたしは思わず言った。「母が生きていたとき、わたしは母のためになんでもしたと思います。いま考えてみると、母にはそんな影響力があって当然でした。母は奉仕したからです」

奉仕と犠牲はどこから生まれるのか

午後になると、話し合いが始まるチャイムを待たずに、軍曹がまた挑発的に言い始めた。「影響力や権威が、奉仕や犠牲から生まれるのはわかった。だが、それをどうやって職場や家庭に持ちこめばいい？　どうしろというんだ？　タイム・レコーダーに磔《はりつけ》になって、昼には断食し、近所の重病患者を探して、市庁舎で座りこみでもしろというのか？　悪いが、この話が現実の世界にどう当てはまるのか、おれにはさっぱりわからないね」

「苦労しているのを認めてくれてありがとう、グレッグ」。シメオンは答えた。「あなたが苦労しているのなら、ほかのみんなもきっと同じでしょう。昼食の前、わたしたちは権威が劇的な成功をおさめた歴史的瞬間について話し合いました。でも権威というのは、奉仕し、他人のために犠牲を払えば、いつでも身につけられるのです。覚えていますか、リーダーシップの役割とは奉仕すること、正当なニーズを見極めてそれに応えることでした。

ニーズに応える過程で、わたしたちは頻繁に、奉仕する相手のために犠牲を払うよう求められるのです」

「そのとおりです、シメオン」。校長が賛同した。「権威が奉仕と犠牲の上に成り立つというのはまったく道理にかなっています。農業をやっている人なら知っている〝実りの掟〟ですね。種を撒き、収穫する。あなたがわたしに奉仕してくれたら、わたしはあなたに奉仕する。わたしのために無理をしてくれたら、わたしも無理をする。誰かに親切にしてもらったら、恩義を感じて当然でしょう？　最先端の科学や魔法は関係ありません」

教師はフリップチャートのほうへ歩いていきながら言った。「今の話は参考になりましたか？　グレッグ」

「続けてみたら、どうなるかわかるだろうよ」。軍曹は辛辣な答えを返した。

シメオンがフリップチャートを指さした。

「要約すると、長期にわたって有効なリーダーシップは、影響力と権威の上に作られなければならないということです。そして、権威はつねに、人々の正当なニーズを見極めて応えることによる、奉仕と犠牲の上に作られます。それでは奉仕と犠牲は、何の上に作られると思いますか？」

「努力、それもたくさんのね」。牧師が率先して答えた。

「そのとおりです」。シメオンは微笑んだ。「しかし、皆さんに異存がなければ、ここは〝愛〟という言葉を使いたいと思います」

愛という言葉が出た瞬間、わたしは軍曹がその場で心臓発作でも起こすのではないかと思ったが、彼は何も言わなかった。

だが、ふたりほど落ち着かない様子の者がいたので、わたしは質問をしてみた。「すみません、シメオン。どうして愛という言葉を持ち出したのでしょうか?」

「そうよ」。コーチも言葉を添えた。「ティナ・ターナーも歌ってたわよね、〝愛になんの関係があるの〟って?」

リーダーシップのモデル

シメオンは説明し始めた。「とくにビジネスの場で、この言葉を持ち出すと落ち着かなくなるのは、愛というとふつうは感情をさすからでしょう。でもわたしがいう愛とは感情のことではありません。この重要な言葉については明日、たっぷり話し合う予定です。今は、わたしが〝愛〟という言葉を使うとき、それは行為を示す動詞であって、感情をさす名詞ではないとだけ言っておきましょう」

校長が言った。「つまり、〝愛とは愛がすることである〟ということですね？」

「うまい言い方ですね、テレサ」。シメオンは認めた。「今後、わたしも使わせてもらいます。愛とは愛がすることである、まったくそのとおりです」

「それじゃあ、愛の元になるのはなんなんだ？」。軍曹がうなるように言った。「知りたくてたまらないよ」

するとシメオンはフリップチャートに戻り、簡潔に書いた。

意志

「愛はつねに意志の上に作られます。では、意志とは何か。あの『一分間マネジャー』の著者ケン・ブランチャードは、それを公式で定義しています。公式の前半はこうです」

シメオンはフリップチャートに向かって書いた。

意図－行動＝無

「意図から行動を引くと無に等しい。世の中にある、どんなにすばらしい意図も、行動が伴わなければ何の意味もないということです」。教師は説明した。「わたしは会社で働いていたころ、多くの人から、もっとも貴重な資源は従業員だという話を聞きました。でも、本心を物語るのは言葉ではなく行動です。年をとるにつれて、わたしは人の言葉より行動に注意を向けるようになりました。人の話は口先だけのことも多い。ちがいが現われるのは、行動なんです」

「シメオン、ちょっと考えたんだけど」。コーチが話し始めた。「わたしたちは今、山の上のすてきな環境にいる。でも、まもなく、きれいごとばかりでない谷に下りていかなければならない。あなたの言うような原理を下の世界に適用するのは簡単なことじゃないわ」

「そのとおりです、クリス」。シメオンは認めた。「本物のリーダーシップは難しくて、たくさん努力が必要です。でも皆さんも、行動が伴わない意図などたいして意味がないことには同意するでしょう。三角形の頂点に来るのは〝意志〟なのです。そして、公式の後半はこれです」

意図＋行動＝意志

シメオンは続けた。「意図に行動を足すと意志に等しい。意図に行動が伴ったときにのみ、わたしたちは調和のとれた人間、調和のとれたリーダーになれます。ですから権威をもって人を導くためのモデルは、このようになります」。教師はそう言うと、リーダーシップのモデルに残っていた空欄に〝愛〟と〝意志〟を書き入れた。

　しばらくの静寂のあと、看護師が口を開いた。「教わったことを要約してみてもいいですか。リーダーシップは

リーダーシップのモデル

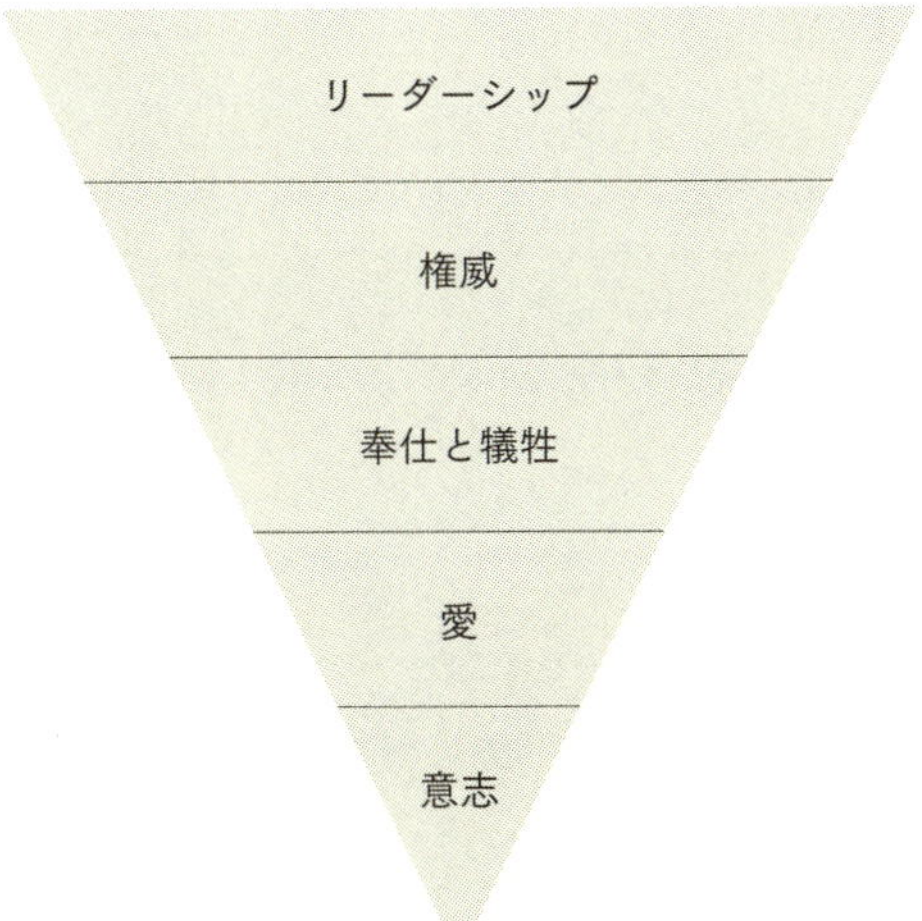

意志から始まる。それは、意図に添った行動をし、行為を選ぶという人間ならではの能力です。そして、正しい意志があれば愛を選ぶことができる。この愛というのは動詞で、人々の欲求ではなく、正当なニーズを見極めてそれに応えることをさす。人々のニーズに応えるとき、わたしたちは奉仕し、犠牲を払うことさえ求められる。でも他人に奉仕して犠牲を払うと、わたしたちは権威あるいは影響力を手にする。テレサの言った〝実りの掟〟ね。そうやって人々にたいする権威を得たとき、リーダーと呼ばれる権利をも手にする。そういうことでしょうか」

わたしはキムの聡明さに驚いた。

「ありがとう、キム」。教師は言った。「わたしにも、それ以上うまく言うことはできないでしょう。つまり、もっとも偉大なリーダーとは、もっとも奉仕した人物ということになります。またもや興味深い逆説ですね」

「つきつめると、リーダーシップはすごく簡単に説明できますね」。校長が興奮した口調で言った。「ニーズを見極め、満たすこと」

午後の講義が終わるとき、軍曹までがうなずいていた。

4日目

「行為」としての愛について

選手や仲間をかならずしも好きになる必要はないが、リーダーとしては彼らを愛さなければならない。愛は忠義、愛はチームワーク、愛は個人の威厳を尊重する。これはどんな組織にとっても強みだ。

——ヴィンス・ロンバルディ（アメリカンフットボール・コーチ）

水曜日の朝四時、わたしはベッドの上ではっきりと目覚め、天井を見つめていた。一週間の半分が過ぎたのに、来たばかりのような気分だった。軍曹には苛々したが、全体としては仲間たちの力量に感心し、講義に夢中になっていた。

何よりシメオンに興味を引かれた。彼はグループでの話し合いを促し、それぞれの参加者の優れたところをみごとに引き出していた。わたしたちが話し合った原理は子どもでも理解できるほど単純なものだったが、その深さを考えると、わたしは毎晩眠れなかった。

シメオンと話すとき、彼はいつでもこちらのひと言ひと言に耳を傾けてくれているようで、わたしは自分が価値ある重要な存在になったような気がした。彼は状況を読み、周辺を整理し、物事の核心に迫る技術を持っていた。挑戦的なことを言われても守りに入らず、わたしがこれまで出会ったなかでもっとも安定した人物だった。宗教や信念を押しつけることはなかったが、だからといって、けっして受身ではなかった。彼がどんな見地に立っているかは、つねに明らかだった。彼は愛想がよく、優しくて、いつも微笑みを浮かべ、目は明るく輝いて生きる歓びを表わしていた。

わたしは彼から何を学ぶべきなのだろう？　繰り返し見る夢が、気になり続けていた。〝シメオンを見つけて、彼の言うことを聞け！〟。わたしがここにいることに大きな理由や目的があるのだろうか？　もしあるとしたら、それはどんなものなのだろう？

ここでの時間は限られている。わたしはそれを見つけるため、もっと積極的にシメオンの知恵を借りようと心に決めた。

◆

十分早く礼拝堂に着いたのに、シメオンはもうそこに座っていた。目を閉じて、瞑想しているようだったので、わたしはそっと彼の隣に座った。

数分ののち、彼はわたしを見て言った。「ここでどんなことを学びましたか？　ジョン」

わたしは言うべきことを探し、最初に思いついたことを口にした。「昨日のあなたのリーダーシップのモデルには感心しました。まったく筋の通ったものでした」

「あの考えやモデルは、わたしが考え出したものではありません」。シメオンは訂正した。「イエスから拝借したのです」

「イエスですか」。わたしは座席の上で身じろぎをした。「おわかりかもしれませんが、シメオン、わたしはあまり宗教的な人間じゃないんです」

「そんなことはありませんよ」。彼は、疑う余地などないというように、低い声で言った。

「わたしのことをあまり知らないのに、どうしてそう言えるんですか？」

「ジョン、誰でも宗教を持っているものですよ。世界の成因、本質、目的について、ある種の信念を、わたしたち全員が持っています。宗教は、存在に関するさまざまな質問に答えるための地図、パラダイム、信念です。どのように世界は存在するようになったのか？　なぜ自分はここにいるのか？　世界は無作為なものか、それとも大きな目的のあるものなのか？　死後の世界はあるのか？　人によって偏りはあるでしょうが、わたしたちは皆こういった疑問を抱きます。無心論者といえども、これらの疑問に答えを持っているのですから、その意味では宗教的だと言えます」

「わたしは霊的なことをあまり考えてきませんでした。地元のみんながするようにルター派の教会に行って、それで充分だと思っていました」

「講義での話を思い出してください、ジョン。人生のすべては、垂直方向に神と、水平方向に隣人たちと関係しています。そして、これらの関係について、それぞれが選択をしています。何を信じ、その信念が自分たちの人生においてどんな意味を持つかを自分で選択しなければなりません」

「でもシメオン、何を信じるべきかは、どうしたらわかるんでしょう？　何が真実かを知るにはどうしたらいいんですか？　宗教や信念の選択肢はたくさんある」

「本気で真実を求め、探しているのであれば、きっと見つけ出せますよ」

九つのチャイムが鳴り終わると同時に、シメオンは話を始めた。「昨日予告したとおり、今日のテーマは〝愛〟です。なかには居心地悪い思いの人もいるでしょう」

わたしは人間が自然発火する様子が目撃できるかもしれないと思い、軍曹を見やった。だが、炎も煙も見えなかった。

一瞬の沈黙ののち、シメオンは続けた。「昨日クリスに〝愛になんの関係があるの？〟と訊かれましたが、リーダーシップや権威、奉仕と犠牲について理解するためには、この重要な言葉を掌握しておくことが役に立つのです。わたしが愛のほんとうの意味を理解し始めたのは何年も前、まだ大学にいたころでした。そのころは哲学専攻で、驚かれるかもしれませんが、無心論者でした」

「これは驚いた」。軍曹が大声を上げた。「修道士さんが無心論者だったたって？　そんなことがあるのかい？」

シメオンは笑いながら答えた。「グレッグ、わたしは偉大な宗教をすべて学びましたが、どれももっともだと思えなかったんですよ。たとえばキリスト教。イエスが言おうとしたことを理解しようとすると、つねにこの愛という言葉に戻ってくる。彼は〝隣人を愛せ〟と言いましたが、私が愛せるのは隣人がいい人である場合だけだと思いました。でもさらに悪いことに、イエスは〝敵を愛せ〟と主張している。これ以上ばかなことはないと思いました。アドルフ・ヒトラーを愛せ？　連続殺人者を愛せ？　そもそもどうしてイエスは、愛という感情を作り出せと命じるのでしょう？　それも、愛せない人に向かって。グレッグ、あなた流の言い方をすれば、〝おいおい、かんべんしてくれよ〟というところですね」

「あんた、お説教中だぜ！」。軍曹はくすくすと笑った。

「しかしその後、人生と愛に関するわたしのパラダイムに転機が訪れました。ある晩、友人たちと連れ立って地元の酒場に飲みにいくと、その店を贔屓《ひいき》にしていた言語学の教授がわたしたちの席にやってきて、世界の宗教の話から、キリスト教が話題になりました。わたしが、〝敵を愛せ？　冗談じゃない。凶悪な殺人者にたいして好意的になどなれないでしょう！〟という意味のことを言うと、教授がすぐに、きみはキリストの言葉を誤解していると言ったのです。人は、愛を感情と結びつけがちです。故郷を愛してる、酒を愛してる、イヌを愛してるというように。ふつう、好意を持っているもの以外に愛を関連づけたりはしません」

「そのとおりです、シメオン」。校長が賛成した。「じつは、今日の話題が楽しみだったので、ゆうべここの図書室に行って、辞書で〝愛《ラブ》〟を引いてみたら、意味が四つあったので書き写してきました。ひとつ、強い好意。ふたつ、温かい愛着。三つ、性的感情に基づく魅力。四つ、テニスで無得点のこと」

「わかったでしょう？　愛は、英語ではどちらかというと狭い意味で捉えられていて、ほとんどが好意的な感情と関わっているのです。でも言語学の教授はわたしに、新約聖書は大半がもとはギリシャ語で書かれていると説明してくれました。ギリシャ語は彼の専門のひとつです。彼によると、ギリシャ語では愛を表わすのにいくつかのちがった単語があるという。ひとつがエロスで、性的魅力や欲望、切望といった感情を意味します。もうひとつがストルゲ、これはとくに家族のあいだの愛情をさします。エロスもストルゲも、新約聖書には登場しません。三つ目はフィロス、これは親密な相互の愛のことです。〝あなたがわたしに親切にしてくれたら、わたしもあなたに親切にしましょう〟というような、条件つきの愛ですね。そして最後に、名詞ならアガペ、動詞だとアガパオという言葉があって、これは見返りを考えない、他人への行為の基になる無条件の愛を表現します。イエスが新約聖書で愛を語るときに使っているのは、このアガペという単語です。つまり、イエスのいう愛とは、感情の愛ではなく、行為と選択の愛なのです」

「考えてみると」看護師がつけくわえた。「誰かにこんな気持ちになれと命令するのは、ちょっとおかしいですよね。聖書は、悪人を悪人でないと思いこむようにとか、卑劣な人にも好意を持つようにと言っているわけではないんですね。イエスは、そういう人たちにたいしても善き振舞いをするべきだと言ってるんだわ。そんなふうに考えたことはありませんでした」

「思いついたことがあります」。わたしは声を上げた。「もしかしたら……いや、まちがいなく、妻はわたしのことをあまり好きでないときがあります。それでも妻は我慢してくれている。それは、わたしを好きではないときも、行為によって、わたしを愛してくれているということなんですね」

「そうだ」。驚いたことに、軍曹が言葉を足した。「男たちが、バーでほかの女を追いかけておきながら、どんなに妻のことを愛しているか話すのを、おれはさんざん聞いてきた。どれほど子どもたちを愛しているかをだらだら話し続けるのに、子どものために十五分の時間さえ割いてやらない親も多い。言葉で言ったり感じたりするだけでは、ほんとうにそうだということにはならないんだな?」

「わかってきましたね」。教師が微笑みながら言った。「自分が人にたいしてどう感じるかはコントロールできませんが、人にたいしてどのように振舞うかは、きちんとコントロールできます。隣人は気難しい人で、好きになれないかもしれませんが、それでも親切に接することはできる。相手が感じの悪い態度であっても、自分のほうは忍耐強く、正直に、ていねいに接することができるのです」

「わからなくなってきました、ブラザー・シメオン」。牧師が言葉をはさんだ。「わたしはずっと、イエスが〝隣人を愛せ〟と言ったとき、それは隣人に無条件の敬意を持てという意味だろうと思っていました。少なくともわたしのパラダイムではそうでした」

「そんなのは、あんたがた牧師がみんなをたぶらかすためにでっちあげた、弱虫なイエスさまだろう」。軍曹が嘲《あざけ》るように言った。「あそこの看護師が言ったように、どうやったって他人にたいする感情なんか命令できないだろう？　おこないの話ならわかるが、どんなやつにもいい感情を持てなんて、くそばかばかしい」

「なんだってきみは、いつもそういう無礼な態度をとるんだ？」。わたしは文字どおり叫んだ。

「ほんとうのことを言ってるまでだよ」

「それが人を傷つけてるんだ」。わたしは言い返したが、グレッグはあきれた顔をしただけだった。

そのとき、教師がフリップチャートのほうに歩いていき、こう書いた。

愛とリーダーシップ

「新約聖書には、いま話しているアガペという愛を、みごとに定義する一節があります。

キリスト教の結婚式でもたいてい読まれますが、どの言葉か、わかりますか？」

「ええ」。コーチが答えた。「〝愛は忍耐強く、愛は優しい〟でしょう？」

「そのとおりです、クリス」。シメオンは続けた。「コリント人への第一の手紙、十三章です。こういうことが書かれています。愛は忍耐強く、優しく、威張ったり高慢になったりせず、無作法な振舞いをせず、利益を求めず、恨みを持たず、不正を喜ばず、真実を喜び、何事をも忍び、何事にも耐える。愛は失望させない。こうした特質に、聞き覚えはありませんか？」

わたしは気がついた。「日曜日にリーダーシップの特質としてあげたリストに似ていますね」

「ほぼ同じでしょう？」。シメオンは微笑んで言った。「短く言い換えてみましょう。愛とは、忍耐、優しさ、謙虚、敬意、無私、許し、正直、献身である」。彼はそれらの言葉をフリップチャートに書き上げていった。

「さて、このリストに感情はあるでしょうか？」

「みんな行為のようね」。コーチが答えた。

「どうやら二千年近く前に書かれた、アガペという愛に関するみごとな定義は、今日のリーダーシップの定義でもあるようです」

教師はフリップチャートに戻ると、今の言葉の下に、日曜日に作ったリーダーシップの特質のリストを書き出した。

アガペの愛	権威とリーダーシップ
●忍耐 ●優しさ ●謙虚 ●敬意 ●無私 ●許し ●正直 ●献身	●正直で信頼できる ●いいお手本 ●愛情深い ●献身的 ●話をよく聞く ●人に責任を持たせる ●敬意をもって人に接する ●人を励ます ●肯定的で熱心な態度 ●人の価値を認める

シメオンは続けた。「休憩のあと、これらの行為をもっとよく定義づけられるよう、テ

レサに図書室から辞書を持ってきてもらおうと思います。結果に驚く人がいると思いますよ。いいですか？」

「選択肢があるのかい？」。軍曹がたずねた。

「わたしたちにはつねに選択肢が与えられています、グレッグ」。教師はきっぱりと答えた。

〝忍耐〟とは

休憩のあと、校長は辞書を膝の上に開いて、すぐにでも始められる態勢になっていた。

「シメオン、最初の言葉、忍耐を引いてみました。〝困難な状況で自制すること〟と書いてあります」

シメオンはその定義を書き出した。

忍耐とは、自制すること

「忍耐、つまり自制することは、リーダーにとって重要な特質でしょうか？」

真っ先にコーチが反応した。「リーダーは選手や子どもたちや従業員、つまり導く人たちの前で、よいおこないの手本を示さなければならない。リーダーがわめいたり自制心を失っていたりしたら、チームの統制もとれないし、責任を果たすこともできないわ」

「もうひとつだいじなことは」と看護師が続けた。「たとえまちがいを犯しても誰かにひどい目に合わせられない、安全な環境を作り出すことでしょう。もし、歩き始めた赤ちゃんが転ぶたびに叩かれたら、だんだん歩こうとしなくなるんじゃない？　ハイハイをしているほうが安全だから。同じように、しょっちゅう怒鳴られているせいで、目立たず危険をおかさないようにしている従業員をたくさん知ってるわ」

「わかったぞ」。軍曹がわざとらしい笑顔で言った。「隊の者がヘマをしても怒ったりせず、優しく慰めてやる。そうしたらものすごい成果が上がるだろうな」

「そういうことじゃないんじゃないかしら、グレッグ」。校長が言い返した。「リーダーには人に責任を持たせるという責任があるわ。体面を保ちながら欠点を指摘する方法だってあるはずです」

わたしはつい口をはさんだ。「わたしたちの組織では、大人の、自発的な人間を相手にしますよね。彼らは奴隷でも動物でもない。リーダーとしての仕事は、設定されている基準と実際の仕事の差を指摘することであって、そこに感情は必要ない。あえて感情をさしはさむことはあるかもしれないが、そうである必要はない」

牧師がわたしの発言に乗ってきた。「訓練とは行為を正して教育することであって、罰することではありません。順を追って最初の警告から第二の警告、最終警告へと進み、それでも変わらなければ〝もうこのチームには入れておけない〟ということになるのでしょうが、ジョンの言うとおり、これらの段階に感情が入る必要はありません」

〝優しさ〟とは

「先を続けましょうよ」。コーチが提案した。「優しさは、辞書ではどんなふうに定義されているの？　テレサ」

テレサは何ページかめくってから言った。「優しさは、〝注意を払い、評価し、励ますこと〟とあるわ」。シメオンがそれを書いた。

優しさとは、注意を払い、評価し、励ますこと

それから説明した。「忍耐や、いま話し合っているほかの特質と同じように、優しさもまた、どのように感じるかではなく、どのように行動するかの問題です。まず、注意を払うという点から考えてみましょう。なぜ他人に注意を払うことが、リーダーにとって重要

な特質なのでしょう」

「ホーソン効果でわかったとおりです」。わたしはそう答えた自分に驚いた。

「訊いていいかな。ホーソン効果ってのはなんなんだ？」。軍曹が問いかけてきた。

「覚えているかぎりではこうだよ、グレッグ。何年も前にハーバード大学の研究者が、ニュージャージー州ホーソンのウェスタン・エレトリック社の工場で、労働条件の向上と生産性のあいだに直接的な関係があることを証明しようとした。実験のひとつとして工場の照明を明るくしたところ、生産性は急上昇した。でもそのあと、労働条件に関するべつの研究をするために、職場環境を元に戻すことになった。それで照明をまた暗くした。生産性はどうなったと思う？」

「元に戻ったんだろう。当たり前だ」。軍曹はつまらなそうな口調で言った。

「いや、グレッグ、生産性はさらに上がったんだ！　つまり、生産性が上がった理由は照明の増減ではなかった。現場の人がみんなから注意を払われたからだったんだ。これがホーソン効果と呼ばれてるものだ」

「説明してくれてありがとう。その話は忘れていましたよ」。シメオンが言った。「人に注意を払うのは大切なことです。そしてわたしは、人に注意を払う絶好の機会は、積極的に話を聞くことだと思っています」

「〝積極的に聞く〟とはどういうことですか?」。看護師がたずねた。

「多くの人が、聞くこととは、誰かが話しているあいだ静かにしているという受身の行為だと思いちがいをしています。そういう人は、いい聞き手のつもりでいて、じつはしばしば、部分的にしか聞いていなかったり、話の内容に判断を下していたり、会話をやめようとか自分のおもしろいように方向転換しようと思ったりしています」

校長が話し始めた。「ウィル・ロジャーズは以前、次に自分が話すのでなければ、誰も人の話を聞かないものだと言ったわ」

シメオンは微笑んでうなずいた。「わたしたちは、話すよりも四倍速く考えられるといいます。結果として、聞いているあいだに、たくさんの会話が心の中で雑音として去来します」

たしかにシメオンが話しているうちにも、わたしは心の中で家を思い出し、レイチェルは何をしているだろうと考えていた。

「積極的に聞くという作業は、頭の中でおこなわれます」。彼は続けた。「積極的に聞くためには、ほかの人の話を聞こうとするあいだ心の中の会話を黙らせておくという、訓練された行為が必要となります。雑音を締め出して、ほんの数分であっても相手の世界に入りこむという犠牲を払う努力が必要です。積極的に聞くということは、話し手が見るように物事を見ようとすること、話し手が感じるように物事を感じようとすることです。話し手との同一化、共感は、たくさんの努力を必要とするのです」

看護師が言った。「出産センターでは、共感とは〝妊婦に充分に寄り添う〟ことをさします。充分に寄り添うというのは、肉体的な意味ばかりでなく、心理的、感情的な意味も含みます。心の中に気をそらすようなことがたくさんあると、なかなか容易ではないけれどね。妊婦に充分に寄り添うこと、積極的に話を聞いて必要に応じることは、彼女に敬意を払うことです。この仕事を始めたころは、肉体的にはそこにいても、心は遠くにいるってことがよくあったわ。充分に寄り添えたときには、さまざまなレベルで相手はそれに気づいて、その努力を感謝してくれるでしょう」

校長がうなずいて言った。「人とコミュニケーションをとる方法は四つあります。読む、書く、話す、そして、聞く、ね。統計によると、コミュニケーションのうち、人は聞くことに六十五パーセントの時間を費やす。話すことには二十パーセント、読むことには九パーセント、書くことには六パーセントだそうです。でも学校では、読むことと書くことには多くの時間を割き、スピーチの授業もあるけれど、聞く技術はほとんど教えない。子どもたちがもっとも必要とする技術だというのに」

「おもしろい話ですね、テレサ。ありがとう」。教師は続けた。「誰かの話を積極的に聞こう努力するとき、意識的にしろ無意識にしろ、どのようなメッセージが伝えられると思いますか？」

看護師が答えた。「ほかのことを何もかも脇にのけるつもりがあるわけだから、話し手を気にかけているということが強力に伝わります。彼なり彼女なりを重要な人物だと思っているというメッセージね。おっしゃるとおり、聞くことは日常生活の中で、誰かに注意を払い、その人の価値を認めていることを伝える、最高の機会なのかもしれません」

校長がつけくわえた。「この職に就いたばかりのころは、自分のところに持ちこまれた教師や生徒の問題を解決するのが自分の仕事だと思っていました。でも年を経るにつれて、ほかの人の問題について話を聞いて、共有するだけでも、その人の重荷を軽くできることを学んだわ。誰かに話して気持ちを表わすことには、浄化作用があるのね」

シメオンは微笑んで言った。「五十年前の今月、今は亡き妻のリタと結婚したとき、母に言われたことを今でも覚えています。母はわたしに、ぜったいに女性の話を聞き流してはいけないと言いました。その助言をうっかり忘れて、一度ならず困ったことになったものです！　愛の基本的な仕事のひとつは、人に注意を払うということなのです」

「いま思い返してみると」わたしは話し始めた。「工場で組合運動があったとき、わたしは従業員から繰り返し、会社側は自分たちのことを忘れている、昔ほど注意を払っていない、と言われたな。それに比べて組合側はたしかに、運動をしているあいだ従業員に注意を払っていて、従業員たちは大喜びだった。人というものは、自分のニーズを満たす方法を見つけるということなんでしょうね」

「皆さん、お話をありがとう」。教師は答えた。「さて、優しさの定義に戻りましょう。テレサは、優しさとは人に注意を払い、評価し、励ますことだと読んでくれました。では、評価や励ましはニーズでしょうか？　それとも欲求でしょうか？」

軍曹が吐き捨てるように言った。「おれは評価なんてものはいらないね。やらなきゃならない仕事を命じられたら、ただそれをするまでだ。隊の連中を相手にするときも同じだ。彼らはそのために登録し、金をもらってるんだから。いったいどうして心温まる話にしなくちゃいけないんだ？」

まずは牧師が口を開いた。「この国に生まれた偉大な哲学者のひとり、ウィリアム・ジェームズはかつて、人間は誰でも心の奥底で評価されることを必要としていると言いました。評価される必要を感じないなどというのは嘘で、そんなことを言う人は、ほかのことでも嘘をつくのではないでしょうか」

「言葉に気をつけろよ、牧師さん」。軍曹が警告を発した。

そこへ看護師が割って入った。「グレッグ、軍隊というところは、兵役や手柄を、公にわかる形で評価して、勲章やリボンを与えるんじゃなかったかしら？」

「偉い将軍が昔、言っていたわ」。校長が言い添えた。「命を売ろうという者はいなくても、色のついたリボンのためなら差し出すだろうってね」

わたしも言った。「わたしが妻にこう言ったらどうだろう。〝結婚したとき、ぼくはきみを愛してると言った。万が一その気持ちが変わったら、かならずそう言うよ。ついでだけど、給料小切手も週に一回かならず持ち帰る〟。こういう、物質的な結びつきより気持ちのほうを優先して考えるのが、すばらしい関係ということじゃないかな？」

驚いたことに、軍曹は言い争おうとはせず、それぞれの発言にうなずいていた。

看護師がまた口を開いた。「二十年ほど前、主任看護師がこんな話をしてくれたわ。彼女はよく、自分の下で働く人たちが体の前後に看板をつけている姿を想像するんですって。正面には〝わたしを評価して〟、背中側には〝わたしを重要な人間だと思わせて〟って書いてある。そういえば彼女には誰が見ても大きな権威がそなわっていた。あのときは、それをなんと言い表わせばいいのかわからなかったけれど」

ここでシメオンが言葉をはさんだ。「愛の仕事のひとつである優しさも、誰かにたいする感情とは無関係に表現できます。植物学者のジョージ・ワシントン・カーヴァーが優しさについてどう言ったか、読んでみましょう。〝人に優しくしなさい。どれほどの人生を過ごせるかは、いかに若者に親切にし、年寄りを哀れみ、苦闘する者に同情し、弱者や強者に寛大に接するかにかかっています。なぜなら、あなた自身が、そのすべてになりうるのだから〟」

コーチが言った。「人を褒めることも重要だと思うわ。〝カモメ野郎〟みたいに人がまちがえたところを捕まえようとするんじゃなくて、正しいことをしているところを捕まえるのよ」

「古い諺に、人は探しているものを見つけるものだというのがありますね」。牧師が言った。「あれはほんとうです。心理学では〝選択的知覚〟と言います。たとえば、妻とわたしは子どもが生まれたあと、小型バンを買おうと思い始めたのですが、そのとたん、それまでは気づかなかった小型バンを、あちこちで見かけるようになりました。人の長所を探して、うまくやっているところを見るように心がけると、急に以前とはちがうものが見えてくるでしょうね」

シメオンが引き継いだ。「賛辞を受けるというのは人間として正当なニーズであり、それに応えることがいい関係につながります。しかしながら、人を褒めるときには、ふたつの重要な点を覚えておかなければなりません。ひとつは、誠実でなければならない。もうひとつは、具体的でなければならない。どこかの部署に行って、〝みんなよく働いているね〟と言うのでは充分ではない。おそらく現実には全員がよく働いているわけではないので、これでは反感を買ってしまう。誠実に、具体的に、たとえば〝ジョー、ゆうべは二百五十個も生産してくれてありがとう、よくやってくれた〟と言うことが大切です。人は報われたことを繰り返しますから、具体的な行為を褒めるべきなんです」

〝謙虚〟とは

「では次に、愛の定義の三つ目の言葉、謙虚を見てみましょうか」。校長が提案して、膝の上の辞書をめくった。「謙虚とは、〝信頼でき、嘘、高慢、尊大さがないこと〟とあります」

謙虚とは、信頼でき、虚偽や高慢さがないこと

校長はたずねた。「どうしてこれがリーダーにとって重要なんでしょうか？　わたしの知っているリーダーは、たいてい自己中心的で、自信にあふれていますけど」

「まったくだ」。軍曹が飛びついた。「リーダーはその場を仕切れて、強くて、必要とあれば尻でも蹴飛ばすようじゃなくちゃだめだ。悪いが、腰の低い弱虫には従わないね」

ふたたび牧師が受けて立った。「ユダヤの五書の民数記には、かつてもっとも慎ましかった人間はモーゼだとあります。彼は怒りに駆られて山から十戒を投げ捨て、仲間のヘブライ人を傷つけたという理由でエジプト人を殺し、つねに神と口論し闘っていた。その彼が、泣き虫の情けない男に思えますか？　グレッグ」

「何が言いたいんだい？　牧師さん」。彼は嫌味っぽく応じた。

この問いに答えたのは、コーチだった。「リーダーに求められるのは、信頼できること、人にたいして嘘のないことだと思うわ。威張ったり、頑固だったりするのは願い下げね。エゴはときにまったく邪魔なもので、他人との障壁になる。なんでもわかった顔をする高慢なリーダーは、たいてい人に嫌われる。すべてを知り、すべてを持っている人などいないから、そういう高慢な態度はやっぱり不誠実な見せかけだと思う。わたしにとって謙虚とは、自分を卑下するのではなくて、自分を一番だと考えないことよ」

「わたしたちはおたがいを必要とします」。看護師が静かに言った。「でも、高慢な人やうぬぼれの強い人は、他人を必要としないふりをしてる。この国で流行《はや》っている乱暴な個人主義という〝嘘〟が、人に頼るべきでないという幻想を作り出したのよ。冗談じゃないわ。わたしは誰かの手によってとりあげられてこの世に生まれ、おむつを換えてもらい、授乳してもらい、栄養を与えてもらった。それから読み書きを教わった。さらに誰かが食糧を育て、郵便を配達し、ごみを集め、電気を供給し、街を守り、国を防衛してくれて、わたしが病気になったり年をとったりしたときには世話をしてくれる。そして、わたしが死んだときには、誰かの手がわたしを土に埋めてくれるんです」

シメオンはノートをめくって言った。「ある無名の導師が、かつて書いています。〝謙遜とは、ほんとうの自分自身を知り、自分の限界を知ることにすぎない。自分そのものを知っている人は、真に謙虚であるだろう〟。謙虚というのは、本物であること、人にたいして嘘がないこと、偽りの仮面を取り去ることです」

〝敬意〟とは

「では先に進みましょう。次は何ですか？　テレサ」。教師がそう尋ねると、「敬意です」という答えが返ってきた。

校長は辞書を読みあげた。「敬意とは、〝他の人を重要な存在として扱うこと〟とあります」

敬意とは、他者を重要な人物として扱うこと

「そらきた、これでまったくついていけなくなった」。軍曹が言った。「あんたが影響力と愛について話し始めたときから不安だったんだ。優しさと評価と敬意をもって人におべっかを使えと言う。おれは厳しくがなりたてる練兵係軍曹なのに、まったくおれのやり方とちがうことをしろと言ってるんだ。おれにとって不自然なことをしろってな」

「グレッグ」、シメオンは静かに答えた。「もしわたしが、陸軍の最高位にある人物をあなたの兵舎に連れていったら、きっとあなたは、敬意と感謝にあふれた態度をとるでしょう。いま話し合ってきたような振舞いをすると思いますよ。あなたの言葉で言えば、たっぷりおべっかを使うのではありませんか?」

軍曹は、教師の目をじっと見据えながら答えた。「そのとおりだ！　将軍はすごく偉い人物だから尊敬して当然だし、実際、尊敬してる」

「よく考えろよ、グレッグ」。わたしは言った。「きみは敬意を払い感謝することを知っているし、愛想よくすることも知っているのに、自分が偉いと思う人にだけそうすると言う。つまり行為としてはできるが、相手を選り好みしているわけだ」

教師が話を引き取った。「皆さんは、自分が導くメンバー全員をとても重要な人物のように扱えると思いますか?　フォークリフトを運転してるチャッキーを会社の社長であるかのように、生徒を教育委員会のメンバーのように、看護師を医師のように、歩兵を将軍のように扱うと想像してみてください。グレッグ、あなたは隊のメンバーそれぞれを、偉い将軍のように扱うことができるでしょうか？」

「ああ、できることはできるだろう。だが、かなり難しいな」。軍曹は渋々認めた。

「そうですね」。シメオンは続けた。「何度も言っているように、リーダーシップにはかなりの努力が必要です。リーダーは、メンバーのために努力するかどうかを、みずから選択しなければならないのです」

「だがおれは、尊敬に値する人だけに敬意を払う！」。軍曹はなおも抵抗した。「結局、尊敬というのはそういうものだろう？」

看護師が、いつもの落ち着いた優しい口調で答えた。「人間は誰でも、いくらか問題のある行動をするものです。でも本来は、存在するだけで、ある程度〝尊敬に値する〟のではないかしら？　敬意の定義は〝他者を重要な人物として扱うこと〟だったけど、そのあとに、〝なぜなら実際に重要だから〟とつけくわえるべきだと思うわ。もしこの考え方が気に入らないなら、あなたのチーム、隊、部署、家族、なんでもいいから、とにかくあなたのところにいるだけで、その人には価値があると考えてみたらどうかしら。リーダーはメンバーたちが成功するかどうかを、いつだって気にしている。リーダーの役割のひとつは、彼らが成功するのを手助けすることでしょう」

この女性はわたしを驚かせ続ける。

軍曹は腕時計を見て言った。「わかった、わかった。言いたいことはわかるが、もう行ったほうがいい。正午の礼拝に欠席したくないだろう？」

〝無私〟とは

午後のチャイムに続いて、教師はすぐに講義を再開した。

「愛の定義の、次の言葉はなんでしたか？　テレサ」

「その前にちょっと訊いてもいいですか？　修道士たちはどうして時間に神経質なんですか？　ここでは物事が秒刻みで進められますよね」

「よく訊いてくれました。じつをいうと、わたしはここに来るずっと前から、時間にたいしてはちょっとうるさかったんです。リーダーの行動はすべて、なんらかのメッセージを発しています。もし約束や会合、何かの取決めに遅れたら、それはどんなメッセージとして受け取られるでしょう？」

「遅刻する人には頭に来るわ！」。いきなりコーチが言った。「わたしは前もって何があるかわかっていたいほうだから、ここで時間がきちんと守られているのはうれしいの。あなたの質問に答えましょう。誰かが遅れたとき、わたしはいくつかのメッセージを感じます。

ひとつは、わたしの時間より彼らの時間のほうが大切なんだということ。これはずいぶん傲慢なメッセージよね。ふたつ目は、わたしは相手にとってそれほど重要な人物じゃないということ。だって重要人物と会うときはきっと時間どおりに行くでしょう。三つ目は、その人はあまり正直な人間じゃないということ。正直な人は自分の言葉を守って、言ったとおりにする。時間についてもそう。遅刻はとても無作法な癖で、しかも習慣性がある」。

コーチはここまで喋って、大きく息を吸いこんだ。「ご清聴ありがとうございました」

教師は微笑んで言った。「つけくわえることはなさそうですね。テレサ、あなたの質問にも答えられたのではないですか。さて、次の定義はなんでしょう?」

「無私です。無私とは〝自分の必要よりも優先して、他者の必要に応えること〟とあります」

無私とは、他者の必要に応えること

「ありがとう、テレサ。さて、無私の反対は利己で、これは〝わたしのニーズが第一、ほかの人のニーズなどどうでもいい〟ということですね? これにたいして無私は、自分自身のニーズや欲求を犠牲にしてでも他者のニーズに応えることです。これはリーダーシップのみごとな定義にもなります。自分より他者のニーズを優先するんです」

驚いたことに、軍曹がつけたした。「戦地でも、隊員はいつも将官たちより先に食事をするな」

今回、反対意見を言ったのはわたしだった。「でも、いつでもほかの人のニーズに応えていたら、メンバーは甘やかされて、わたしたちにつけこんでくるんじゃないかな？」

「よく聞いてなかったみたいだな、ジョン」。軍曹がくすくす笑った。「おれたちはニーズに応えるのであって、欲求に応えるんじゃない。人が心身ともに健全でいるために正当に必要とするものを与えるのであれば、甘やかすことにはならないんじゃないか。いいかい、ジョン、欲求じゃなくニーズに応える、奴隷じゃなく奉仕者になるんだ。どうだい？　シメオン」

クラスじゅうが大笑いするなか、シメオンは校長を見て次の言葉を促した。

〝許し〟とは

「次の言葉は許しで、〝悪いことをされたときに怒りを捨てる〟と定義されています」

許しとは、悪いことをされたときに怒りを捨てること

「興味深い定義ではありませんか？」。教師は始めた。「誰かに悪いことをされたとき、怒りを捨てる。なぜこれが、リーダーが持つべき重要な特質なのでしょう？」

「人は完璧じゃないし、がっかりさせられることもあるからです」。看護師が答えた。「リーダーという立場にいると、そういうことが頻繁にあると思います」

だが、軍曹は気に入らなかったらしい。「誰かが悪いことをしても、そいつがへまをしなかったふりをしろというのか。頭をなでてやって、何もかも大丈夫だと言えばいいとでも？」

「ちがいますよ、グレッグ」。シメオンが正した。「それでは誠実に導くことにはなりません。許しとは、悪いことが起きなかったふりをしたり、その結果に対処しなかったりすることではない。そうではなくて、正当に自己を主張《アサーティブ》する振舞いをするのです。アサーティブな態度とは、当たり障りない受動的な振舞いでも、他者の権利を侵害する攻撃的な振舞いでもない。それは、オープンで正直で、まっこうから他者に向きあいながら、つねに敬意を払う態度です。許すという行為は、起こった状況にこのような態度で対処し、怒りを引きずることなく過去のものとすることなのです。怒りを忘れられないリーダーは、疲れ、非効率に陥るでしょう」

話したい衝動に駆られて、わたしはつけたした。「わたしの妻は精神科医でセラピストなんですが、よく患者たちに、怒りは人格を壊すと注意するそうです。たぶん皆さんも、長年怒りをひきずって、苦々しい不幸な人間になってしまった人を知っているでしょう」

牧師が答えた。「コメディアンのバディ・ハケットは、〝おまえが腹を立ててるあいだに、みんなは踊りにいってる！〟と言っていましたね」

「皆さん、発言ありがとう」。教師は微笑んだ。

〝正直〟とは

「では、正直について、辞書にはなんと書いてありますか？　テレサ」

「〝欺かないこと〟とあります」

正直とは、欺かないこと

「正直というのは、嘘をつかないことだと思っていたわ」。コーチがゆっくりと言った。

「欺かないというほうが、もう少し広い意味になるわね？」

「学校では、子どもたちにこう教えます」。校長が話しだした。「嘘というのは、コミュニケーションのうち、人を欺くという意図をもったすべてのものです。真実を話さなかったり、その一部を隠したりするのも、〝罪のない小さな〟嘘。社会的には許されるかもしれないけれど、やはり嘘は嘘です」

「覚えていますか」。シメオンが続けた。「〝正直〟は、大半の人がリーダーに求める資質の一番に挙げます。また、正直であることによって築かれる信頼は、関係を強くする接着剤のようなものです。人にたいしてつねに正直であることには難しい面もありますが、それができれば愛にバランスをもたらします。それはつまり、何が期待されているかを明快にし、責任を持たせ、いい知らせと同様に悪い知らせも伝え、評価を下し、一貫していて、予想できて、公正であることです。わたしたちの行為は欺くことがなく、どんなことがあっても真実でなければならないのです」

牧師がまた発言した。「実社会で仕事をしていたころ、上司からよく、部下に仕事をさせられないのは不誠実だと言われました。実際、決められた基準に見合う仕事をさせられないリーダーは、嘘つきの泥棒だとまで言われましたよ。実際はうまくいっていないのに大丈夫なふりをしているから嘘つき、その仕事のための資金を出している株主から金を盗んでいるから泥棒というわけです」

わたしはそれにつけくわえた。「みんなが機嫌よくしていれば順調だと考えるリーダーやマネジャーがたくさんいます。彼らは嫌われるのを恐れて、あるいは人の機嫌を損なうのを恐れて、欠点について話し合うのを避ける。でも、そういう振舞いが実際はどれほど不正直なことか、これまで考えたことがなかったな。大半の人は、自分とリーダーがおかれた状況を知りたがっているし、知る必要があると思います」

〝献身〟とは

「けっこうです。それでは献身《コミットメント》を見てみましょう、テレサ」。教師が求めた。

「待ってくださいね。ああ、ありました。献身とは、〝自分が決めた選択を貫くこと〟とあります」

献身とは、選択を貫くこと

教師はしばらく黙ってから話し始めた。「献身はおそらく、いちばん重要な行為でしょう。人生においてあなたが発した言質に、全力を傾けつづける行為を意味します。これが重要なのは、わたしたちが話し合っている原理にはたくさんの努力が必要で、リーダーとして献身していなければ、おそらくあきらめて、権力に頼るようになってしまうからです。

残念ながら、最近ではあまり人気のある言葉ではありませんが」

「いいですか」。看護師が声を上げた。「わたしたちは、もし子どもが欲しくなかったら中絶する、配偶者が欲しくなかったら離婚する。そしていまや、おじいさんが欲しくなかったら安楽死があります。まったくよくできた、使い捨ての社会です」

軍曹が笑みを浮かべて言った。「ああ、みんな関与はしても、献身しようとはしないな。このふたつには大きなちがいがある。今度ベーコンエッグを食べるとき、あのブタとニワトリの話を思い出してくれ。ベーコンエッグを作るのに、ニワトリは卵を産んで関与するだけだが、ブタは文字どおり献身しなきゃならないってやつだよ」

「いいな、グレッグ。その話を忘れてたよ」。わたしは思わず言った。軍曹を知るにつれて、印象がよくなってきた。

みんなは献身について、しばらく黙りこんで考えた。最終的に静寂を破ったのはシメオンだった。「献身的なリーダーは、成長や絶え間ない進歩をめざし、メンバーに見合う最高のリーダーになるよう専心します。メンバーやチームにたいする情熱を持ち、みんなを高めるよう後押ししますが、自分も成長して最高の状態になるつもりでないかぎり、メンバーに進歩を促してはいけません。自分がそうなるためには、献身と情熱、そしてリーダーなりグループなりがどこへ向かうかという見通しが必要です」

「愛、献身、リーダーシップ、他人のための努力……すべてが大変なことのように思えます」。わたしはため息とともに言った。

「たしかにそうですね、ジョン」。教師は続けた。「でも、リーダーとなったとき、あなたはそれを引き受けたのです。誰も、簡単なことだとは言わなかったと思いますよ。メンバーを愛し、彼らのために努力することを選択すれば、必然的に、わたしたちは忍耐、優しさ、謙虚、敬意、無私、許し、正直、献身を求められます。そして、これらの行為はわたしたちに奉仕と犠牲をも求めます。ときには自我を犠牲にし、機嫌の悪い日も耐えなければならない。あるいは、アサーティブな態度をとるより非難したい、という欲求を犠牲にしなければならない。好きではない人をも愛し、その人のために努力することで犠牲を払わなければならないことだってあるでしょう」

「でも、シメオンは先ほど言いましたよね」、校長のテレサが言った。「愛を基に振舞うかどうかを選択するのはわたしたちだって。努力して人を愛するとき、わたしたちは奉仕し、犠牲を払わなければならない。奉仕し、犠牲を払うとき、人にたいする権威を身につけられる。人にたいして権威を身につけられたとき、リーダーと呼ばれる権利を獲得できる」

「あなたの言う因果関係はわかるわ」。コーチが言いだした。「賛成してもいい。だけどそんなふうに振舞うのは、ちょっと人を操作してるみたいに聞こえるわね」

校長がこれに答えた。「操作というのは、自分の利益のために人に影響を与えることよ。でもシメオンが支持するリーダーシップのモデルは、たがいの利益のために人に影響を与えるんじゃないかしら。もしわたしがほんとうに、自分が導き奉仕するメンバーの正当なニーズを見極めて、それに応えたら、つまりわたしが正しく奉仕していれば、彼らもまたその影響で利益を得ているにちがいない。そうでしょう？　シメオン」

「いつもながら、このグループはわたしよりもうまく、これらの原理を表現してくれたようですね。ありがとう」

牧師が続けた。「著名な作家で牧師でもあったトニー・カンポロは、こんな話をしています。結婚前のカウンセリングで若いカップルと初めて会うとき、彼はかならず〝なぜ結婚するのですか〟と訊くそうです。もちろん普通の答えは〝愛し合っているからです〟ですが、トニーは重ねて〝もっといい理由はありませんか？〟と質問します。するとカップルは、ばかな質問が信じられないという様子で顔を見合わせてから、〝もっといい理由なんてありますか？　愛し合っているのに！〟と答える。そこで彼はこう言います。〝今はおたがい優しい気持ちでホルモンを刺激しあっているようですね。けっこうなことです、楽しみなさい。でもそういう感情がなくなったとき、あなたたちの関係はどうなるでしょう？"。もちろんカップルはしばらく見つめ合ってから、憮然として答えます。"わたしたちにかぎって、そんなことはありません〟」

部屋じゅうに笑い声が湧きあがった。

「皆さんの中には、長く結婚している人もいるでしょう」。牧師は続けた。「感情というものは生まれたり消えたりするというのは、みんな知ってますよね。それでもやっていけるのは献身があるからです。トニーは最終的に、結婚はけっこうなことだけれど、恋愛感情が消えて初めて、ほんとうに何を得たかがわかると指摘して締めくくっています」

「そうですね」。シメオンがその意見を支持した。「同じ献身の原理が、リーダーシップにも当てはまります。今日わたしたちが話し合ったことは、好きな人を相手にする場合は難しくありません。邪悪な男女でも、好きな人にたいしては優しくて愛想がいいものです。でもリーダーとしての真価は、難しい相手のために努力しなければならないとき、好きとはいえない人を愛さなければならない試練のときに顕著になります。そのとき、わたしたちがどこまで献身的になれるかが試される。そのとき、リーダーがどんな人物であるかがわかるのです」

テレサがつけたした。「二十年間ひとりの男を愛すのに比べたら、一年に二十人の男を愛すなんて簡単だと言ったのは、ザ・ザ・ガボールだったかしら」

教師はフリップチャートに歩み寄り、表を完成させた。

愛とリーダーシップ	
忍耐とは	自制すること
優しさとは	注意を払い、評価し、励ますこと
謙虚とは	信頼でき、虚偽や高慢さがないこと
敬意とは	他者を重要な人物として扱うこと
無私とは	他者の必要に応えること
許しとは	悪いことをされたときに怒りを捨てること
正直とは	欺かないこと
献身とは	選択を貫くこと
結果：奉仕と犠牲	自分の欲求や必要を脇にやり、他者のために最高の利益を求めること

「昨日のモデルでは、リーダーシップは権威あるいは影響力の上に作られ、権威や影響力は奉仕と犠牲の上に作られ、奉仕と犠牲は愛の上に作られることを学びました。つまり、

権威をもって導くには、努力をして愛し、奉仕し、ときには他人のために犠牲を払うことさえ求められるのです。繰り返しますが、愛は他者にたいしてどう感じるかではなく、他者にたいしてどう行動するかなのです」

看護師が要約した。「お話をまとめると、〝愛する〟という動詞としての愛は、メンバーの正当なニーズを見極め、それに応えることによって、人のために努力する行為を意味する。それでいいですか？」

「おみごと、キム」。簡潔な答えだった。

5日目
メンバーが成長できる環境とは

男も女もいい仕事がしたいのだ。正しい環境さえ与えられれば、そうするだろう。

――ビル・ヒューレット（ヒューレット・パッカード社創設者）

ベッド脇の時計を見た。木曜日の朝、三時を少しまわったところで、わたしはまた天井を見つめていた。前日の午後遅くに、レイチェルと会社に電話をして様子を聞いた。わたしがいなくても、何事もつつがなく進み、誰も困っていないとわかって、がっかりした。

前日の朝シメオンに投げかけられた人生の質問について、あらためて考えてみた。わたしは何を信じているか？　なぜここにいるのか？　目的はなんなのか？　この人生というゲームに意味があるのか？

答えは出なかった。疑問が増えるばかりだ。

その日、わたしは十五分早く礼拝堂に着いた。シメオンよりも早く待ち合わせに来られた！　得意な気分だった。

彼は五時ちょうどにわたしの隣に座り、頭を垂れ、祈りを始めた。そして二分ほどのち、わたしのほうを向いてたずねた。「何を学びましたか？　ジョン」

「愛についての話し合いはおもしろかったです。今まで、愛を、人のために何かをすることだなんて考えてもみませんでした。ずっと感情だと思っていたのです。職場で、これからみんなを愛することにすると言って殴られないといいんですが」

シメオンは笑った。「言葉よりも行動のほうが雄弁ですし、重要なんですよ、ジョン。

テレサが、愛とは愛がすることだと言っていたでしょう」

「自分を愛するというのはどうなんでしょう？　うちの教会の牧師はいつも、隣人と自分自身を愛するようにと言います」

「残念ながら、ジョン、その一節はこのところ、ちょっとまちがって引用されているようです。聖書ではもともと、隣人と自分自身を愛せではなく、隣人を自分自身のように愛せと言っています。まったくちがうでしょう。イエスが他者を自分自身のように愛せと言うとき、すでに自分自身のことは愛していると仮定しています。イエスはわたしたちに、自分自身を愛するのと同じやり方で、他者のことも愛せと言っているのです」

「自分自身を愛するのと同じやり方？」。わたしは訊き返した。「いや、わたしはときどき、とくに最近、自分のことを愛するどころか、我慢ならないと思うのですが……」

「覚えていますか、ジョン。アガペの愛は、感情を表わす名詞ではなく、行動を表わす動詞です。わたしにも自分があまり好きではないときがありますし、嫌いなときさえある。つねに自分を好きなわけではない。それでもニーズに応えるということで自分を愛し続けます。残念ながら、他者のニーズより先に自分のニーズを満たしたくなることもよくあります。二歳児のようにね」

「たいていの人間は、自分を一番に考えがちなのではないですか？」

「そのとおりです。自分を一番にするのは自分を愛することです。隣人を一番にして、そのニーズを気にかけるのは隣人を愛することです。日常の失敗やまちがいを起こした自分のことは、すぐに許しますよね。でも同じように失敗やまちがいを起こした隣人のことも、すぐに許せるでしょうか？　わたしたちは自分のことはたやすく愛しても、他者のことはそれほどたやすく愛せないのです」

「そのように考えたことはありませんでした」

シメオンは続けた。「正直なところ、ときどき、ほんの一瞬でも、失業、離婚、不倫といった隣人の不幸を喜ぶことがありませんか？　自分の幸せと同じくらいに隣人の幸せを願ったとき、ほんとうに隣人を愛していると言えるのです」

「では、神についてはどうなんでしょう？」。わたしはたずねた。「うちの教会の牧師は、神を愛さなければならないとも言います。でもわたしは、神についても〝温かい〟気分じゃないときがあります。人生はときに不公平です。そもそも神がいるのかどうか、疑うことだってあります」

驚いたことに、シメオンはわたしに同意した。「わたしも、ときどき神に腹が立ち、あまり好きでないと思うことがあります。疑問がたくさんあって、自分の宗教に賛成できないこともあります。人生には不公平だと思えるものごともあります。でもわたしがどう感じるかは、神を愛し続け、神との関係に献身することとは、ほとんど関係がないのです。忍耐強く、祈り、嘘がなく、敬意を払い、正直で、許しさえすることによって、神を愛することができます。そうしたくない気分のときでも、いやむしろそういうときこそ、愛せるのです。それが、献身という愛の証明です。信仰心が弱いときがあっても、誠実であることです」

数人の修道士が列をなして入ってきて、座席に座った。

その日早朝のシメオンの締めの言葉はこうだった。「いいことを教えてあげましょう。神や他者への愛に専心し、努力し続けていくと、やがてその肯定的な振舞いから肯定的な感情が生まれます。これについて、明日の朝もっと話しましょう」

実がなるか否かは環境次第

講義が始まるチャイムが鳴り終わらないうちに、シメオンが発表した。「今日はちょっと切り口を変えて、人々が成長し前進するためには健全な環境作りが大切だという点について話し合いましょう。比喩として園芸を持ち出してみようと思います。自然は、健全な環境を作ることの重要性をわかりやすく教えてくれますから。誰か、園芸を趣味にしている人はいますか?」

コーチが手を上げた。「アパートの裏に、小さいけどきれいな庭を作っているの。二十年近くも世話してるわ。自分で言うのもなんだけど、ちょっとした園芸家なのよ」

「クリス、わたしが園芸についてあまり詳しくないとしたら、よい庭を作る方法をどのように教えますか？」

「簡単よ。日当たりのいい土地を見つけて、土を掘り起こして植える準備をする。そうしたら種を撒いて、水をやり、養分をやり、害虫を駆除し、定期的に雑草を抜く」

「あなたの言うとおりにしたら、どんなことが期待できますか？」

「そうね、そのうち植物が育って、実がなるわ」

シメオンはさらにたずねた。「実がついたら、わたしがそれを成長させたと言っていいでしょうか？」

「ええ」。彼女はすぐに答えたが、少し考えてから言い足した。「まあ、正確に言うとあなたが成長させたわけではなくて、手を貸したのよね」

「そのとおりです」。教師はうなずいた。「わたしたちは、自然の中で何かを成長させることはできません。地中に埋まった小さなどんぐりが、いつの日か大きなカシの木になるかどうかを知っているのは、いまだにわたしたちの創造主だけです。わたしたちにできるのは、成長に適した条件を整えることだけ。この原理は、人間にもよく当てはまります。これをうまく表わす例を挙げられる人はいますか？」
「わたしは看護師として出産に関わっています」。キムが言った。「九ヵ月の妊娠期間中、赤ん坊が発育するには子宮内の良好な環境が欠かせません。そうでないと、赤ん坊が死んだり、深刻な合併症が起きたりします」

次に牧師が口を出した。「生まれてからも、子どもがきちんと成長するには、健全で愛情のある環境が必要だといいます。チャウシェスク時代のルーマニアで作られた養護施設の話を読んだことがあります。そこでは赤ん坊たちが人間との接触がほとんどない倉庫のようなところに入れられていた。その赤ん坊たちがどうなったと思いますか？」
「死んだわ」。看護師がそっと答えた。
「そのとおり。赤ん坊たちは文字どおりしなびて死んでしまいました」。牧師は頭を振りながら同意した。

少し間をおいてから、校長が話しだした。「長年、公立の学校組織で働いてきたけど、家庭環境のよくない子はすぐにわかるわ。刑務所にはひどい環境で育った人がいっぱいいる。健全な家庭環境を作ることが、健全な社会には不可欠です」

看護師が言い足した。「環境の大切さは医学についても言えます。みんな、医師のところに病気を治してもらいにいくと考えるけど、それはまちがいです。医療の世界がどんなに進歩しても、医師には折れた骨を治すことも傷を癒すこともできない。医療や医師にできるのは、投薬やセラピーなどによって適切な状態を作り出し、体がみずから治るのを手助けすることだけよ」

「そういえば」、わたしは思いついて言った。「精神科医の妻は、セラピストには患者を治す力はないと、よく言っています。新人のセラピストの多くは人を治せると信じているけど、経験を積むにつれて、そんな力は持ち合わせていないと気づくそうです。いいセラピストとは、患者のために健全な環境を作る人です。そのために、敬意や信用、受容、献身に基づく愛情のある関係を築く。心休まる安全な環境ができれば、患者はみずから治癒していけるんです」

「すばらしい。皆さんがすばらしい例を挙げてくれました！」。教師は叫ぶように言った。

「とくに人間にとって、健全な成長のためには健全な環境がとても重要だと、はっきりしたと思います。わたしは、どんなグループの世話を任されても、いつも園芸の比喩を用いてきました。家庭、会社、軍隊、スポーツチーム、地域社会、教会、どこでもです。自分の影響のおよぶ範囲を、世話をする必要のある庭だと考えるのです。庭には注意と世話が欠かせません。わたしはつねに自分に問いかけます。この庭には何が必要だろう？　評価や認知や賛美などで養分を与える必要があるのではないか？　雑草を取り除く必要は？

害虫の駆除は？　庭にはしじゅう目を配らなければなりません。でも、そうやって自分の役割を果たして育んでいけば、きっと豊かな実が得られます」

「実がなるまでに、どれくらいかかるものなの？」。コーチがたずねた。

「残念なことに、わたしは実が育つ前にしびれをきらして努力をやめてしまったリーダーをたくさん知っています。多くの人が早く結果を欲しがり、期待しますが、実は準備ができたときに初めてなるのです。だからこそ、リーダーには献身がとても重要になってくる。雪が降る前に収穫したいと思ったとき、晩秋に作物を植える農民がいますか？　実りの掟は、実は育つだろうけれど、その成長がいつ起こるかはわからないことを教えてくれます」

「関係の銀行口座」から考える

ここで看護師が言い足した。「実が熟す時期を考えるもうひとつの要素は、〝関係の銀行口座〟の状態ですね」

「関係の銀行口座ってなんですか？」。牧師がたずねた。

「この比喩は、スティーブン・コヴィーの『7つの習慣』で知ったの。絶えず出し入れする、赤字にしたくない銀行口座があるでしょう。関係の口座とは、簡単に言うとこうよ。

誰かと初めて会ったとき、その関係の口座の収支はゼロです。おたがいに知らないし、様子を見ているという状態だからよ。でも関係が深くなると、自分の振舞いを基に、想像上の口座で〝入金〟や〝出金〟が発生する。たとえば信頼できて正直で、人に感謝や評価をし、約束を守り、よく話を聞き、陰口をたたかず、〝こんにちは、お願いします、ありがとう、すみません〟といった簡単な挨拶をするたびに、関係の口座は潤っていく。でも、不親切で失礼で、約束や責任を忘れ、陰で人に害をおよぼし、話を聞かず、威張って高慢だったら、そのたびに口座から引き出すことになる」

軍曹が言った。「昨日の午後の休憩中に、恋人に電話をしたらいきなり切られた。あれは、おれがちょっと赤字になってたってことなんだろうな」

「わかるよ、グレッグ」。わたしは笑った。「うちの工場で組合運動があったときは、かなり深刻な赤字状態だったんだと思う。キム、あなたが言っていることによれば、関係の口座の状態しだいで、実がなるのに時間がかかることもあるというわけだね？」

「ええ。関係の確立されている人とだったら、そういうことになるわ。知り合ったばかりの人とは、白紙から始まるけれど」

「ぴったりの比喩をありがとう、キム」。教師は彼女の話を引き取った。「この関係の口座という考えは、人を褒めるときは人前で、罰するときは人がいないところですべき理由も示しています。どうしてかがわかりますか？」

校長が口を開いた。「誰かを公然と罰すると、同僚たちの前で気まずい思いをさせるから、その人との口座からたくさん引き出すことになるわ。そればかりでなく、同僚が罰せられるのを見た全員との口座からも引き出すわね。鞭打ちは見ている者にとっても恐ろしくて、みんな、〝いつ自分の番が来るだろう〟と思うものよ。関係の口座からたくさん引き出したいなら、公然と誰かを罰するのが効率的よ」

コーチが言い添えた。「みんなの前でほかの人を褒めたり、感謝したり、認めたりするときも、同じことが言えるんじゃないかしら。褒められた人との口座に預け入れができるだけじゃなく、それを見ていた人たちとの口座にも預け入れができる。以前にあなたが言ったわよね、シメオン、みんなはリーダーのすることをいつも見てるって」

「そのとおりです、クリス。リーダーのすることは、すべてメッセージを発しています」。シメオンは答えた。「たしかどこかに、なぜ関係の口座からの引き出しは損害が大きいかがわかる、おもしろい調査の記事があったはずです。見つけられると思いますから、昼休みのあとで見せましょう」


その日はすばらしい秋晴れだったので、わたしは昼休みに、眼下の湖岸を望む崖を歩いてみることにした。気温は二十度ほど、湖からはそよ風が吹いていた。まさに理想的な散歩日和だ。だが、頭の中は混乱していた。

わたしは、ここで得ている情報や原理を帰宅後いかに応用するかを考えて、興奮していた。同時に、自分のこれまでの振舞いやリーダーとしての態度を考えて、落胆し、困惑もしていた。わたしのような人間が上司だったら、どんなだろう？　夫だったら？　父親だったら？　コーチだったら？

これらの疑問にたいする自分の答えは、さらに気分の悪くなるものだった。

荒海の船でどう振舞うか

二時になり、シメオンが明るく言った。「昼食前に話した記事を見つけました。〈サイコロジー・トゥデイ〉の古い記事で、書いたのはある行動主義者です。肯定的な反応と否定的な反応の影響は等分ではないと言っているのですが、これを関係の口座の〝入金と出金〟に当てはめてみると、誰かとの口座から出金するたびに、それを取り戻すのに四回の入金が必要らしい。四対一の割合ですよ！」

「わかる気がします」。牧師が答えた。「妻は繰り返し愛してると言ってくれますが、わたしはまだ、去年の春に彼女から太りすぎだと言われたことが忘れられません。あれはすごく引っかかってる！」

「奥さんがそう言いたいのはわかるけどな、牧師さん！」。軍曹が突っこんだ。

「たしかに、リー」教師が続けた。「わたしたちは皆、表向きはどんなに冷静にとりつくろっても、とても感じやすいものです。この点を裏づけるように、記事には、人が自分のことをどの程度現実的に見ているかを調査した結果が出ています。それによると、調査対象の八十五パーセントが、自分のことを〝平均以上〟と考えています。〝他人とうまくつきあう能力〟に関しては、百パーセントが自分を平均より上としました。〝リーダーシップとしての能力〟についても、七十パーセントが自分を上位四分の一に位置づけ、平均以下と答えた人はたったの二パーセントでした。また、男性に〝運動能力〟をたずねたところ、六十パーセントが上位四分の一だとして、平均より下としたのはたったの六パーセントでした」

「何が言いたいんだい？」。軍曹がたずねた。

「わたしの意見ではね、グレッグ」、コーチが会話に飛びこんだ。「人は普通、自分を高く評価しているということよ。だから他人との口座から引き出すときは注意しなくちゃいけないということね」

シメオンがつけくわえた。「たとえば人との間で信用を築くことを考えてみてください。

何年も努力して築き上げても、うっかりした瞬間に失ってしまいます」

「ほら、そこだよ」。軍曹は不平がましく、声を荒らげた。「おれたちはすてきできれいな場所で、すてきできれいな論理について話し合ってるが、日常に戻って顔を突き合わせる上司の中には、力頼みで、愛や敬意や関係の口座はおろか、権威や上下さかさまの三角形なんかいっさい気にしないやつらもいるんだぞ。そんなやつと働くときは、どうしたらいいんだ?」

「グレッグ、すばらしい質問です」。教師は微笑みながら言った。「あなたの言うとおりです。権力に頼る人は、たいてい、権威に基づいている人に脅《おびや》かされ、不快感を覚えます。ですから、権力に頼る人のせいで、あなたの仕事が危うくなる可能性もあります。しかし自分がどんなふうに扱われようと、愛と敬意をもって人と接することができない場所などほとんどありません」

「あんたはおれの上司を知らない」。軍曹は言い張ったが、シメオンも引かなかった。

「ビジネス界でリーダーとして働いていたとき、わたしは何度も、機能不全に陥った会社の立て直しをしてきましたが、あらたな任務を遂行するさいに、わたしが最初にしたことのひとつが、組織の現状を把握するための従業員の意識調査でした。そしてかならず調査を、部署ごと、勤務交代時間ごとに照合して、問題のある場所を正確に特定しました。すると、全体的にひどい調査結果の出た混乱した会社でも、その荒れ狂う大海の中にかならず、健全で静かな島がありました。たとえば、出入荷課の第三シフトはいい状態だとか、最終部門の第二シフトはいいとか、コンピュータ室の第一シフトはいいとかです。わたしは、こうした健全な箇所がわかると、かならずその部署のそのシフトの様子を見にいきました。そこに決まってあったのは、なんだったと思いますか？」

「リーダーシップね」。看護師が落ち着いた声で言った。

「そのとおりです、キム。混沌とした混乱状態、権力頼みの方針、いろいろな機能不全が横行しているなかであっても、その小さな部分の責任を負うリーダーは、ちがいを生み出していました。彼らはその立場上、広範囲のマネジメントはできませんが、船底で、自分が引き受けたメンバーたちに毎日どのように接するかをマネジメントしていたのです」

「あなたが船の例を持ち出すとはおもしろいですね、シメオン」。わたしは言った。「昔ある従業員から、まるで映画の《ベンハー》のチャールトン・ヘストンになったような気分になると言われたことがあります。あの映画でチャールトン・ヘストンは、何年も櫓に鎖でつながれて、船を漕がされていた。嵐が来たり、外で船が衝突したりしている音は聞こえても、甲板に出て新鮮な空気を吸うことや、海で泳ぐことは許されない。それに大柄な汗臭い男が絶えず太鼓を叩いて、船を漕ぐリズムをとっている。その従業員は、働いていると、あれと同じような気分になると言ったのです。一日じゅう船底にいて、甲板に出て船に何が起こっているかを知ることはできない。船長が水上スキーをしたいと言いだしたり、監督者が太鼓のリズムを速くしたりする。非常時には、船長が、海に何人か投げこんで船を軽くすると叫ぶ――あまりいい光景ではありません」

人の行為は変えられるか

わたしは少し考えてから続けた。「たとえ会社でもここで話し合っているように振舞おうと決めても、四十人の監督係が乗ってくれないかもしれない。でも、彼らの助けなしには、いい環境は作れません。どうしたら、みんなに乗ってきてもらえるんでしょうか？」「法律を作って彼らの行為を規制するのです」。すぐにシメオンの答えが返ってきた。「リーダーとして、あなたには影響が及ぶ範囲の環境に責任があり、その責任を全うするための力が与えられています。つまり、彼らの行為を規制する資格があります」「彼らの行為を規制するとは、どういう意味ですか？」。わたしは反論した。「他人の行為など規制できないでしょう！」

「できるさ！」。軍曹がわたしに向かって叫んだ。「軍隊ではしじゅうやってるし、あんたも工場の人間にやってるはずだ。みんなが従わなければならない方針や手順があるだろう？　みんなに安全装置をつけさせて、定期的に仕事に来させ、あらゆる仕事上の行動規則に従わせてる。あんたもおれも、いつだって行為を規制してるのさ」

　グレッグが正しいと認めるのはいやだったが、そのとおりだった。接客係が客に悪い態度をとり始めたら、その接客係は職を失う危険にさらされる。従業員は、規則に従わなければすぐに〝元従業員〟となる。わたしたちは雇用条件という形で、つねに行為を規制しているのだ。

　そのとき突然、会社の行為規制の例をもうひとつ思い出した。

「父の話です」。わたしは始めた。「父は三十年以上、ディアボーンにあるフォードの組立工場で、現場監督として働いていました。七〇年代初期のある土曜日の朝、わたしは父と一緒にその工場にいったのですが、一時間いただけで、自分は大学に行こうと決心しました。そこでは誰もが叫び、ののしりあい、信じられないほどの騒ぎだった。まさにジャングルさながらで、人前で従業員に恥をかかせ、汚い言葉をひとつの文章に十回入れられたら〝その日の監督〟賞がもらえそうでした」

「おれが得意なところみたいだな」。軍曹がわたしに向かって呼びかけてきた。

「あそこは特別な場所だったよ、グレッグ」。わたしはそう言い返しながら、もはや彼に苛立っていない自分に気がついていた。

「その後、父の友人で、同じく監督をしていた人が、ミシガン州のフラット・ロックへ転勤になりました。マツダとフォードの合弁事業の工場で働くことになったんです。監督として働き始めた最初の週、その人はある従業員の失敗を見つけ、その生産ラインのみんなの前で手ひどく叱りました。いくつか汚い言葉も使って。ディアボーンでは、それが有効な管理方法だったからです。でも、これを目撃した日本人のマネジャーは、すぐに彼をオフィスに呼びつけました。

日本人は人前で〝体面を保つ〟ことを重んじます。そのマネジャーは父の友人にとても丁重に、今回の振舞いにたいして一度だけ警告を発すると言ったそうです。ふたたび人前であのような態度に出ているのを目撃したり聞いたりしたら、すぐにクビだと。結局、父の友人はその工場で、さらに十年働いて退職しました。彼はメッセージを理解したのです。シメオン、この場合、マツダが彼の行為を規制したんですね」

「とてもいい例ですね、ジョン」。シメオンは言った。「しかし、マツダが監督の行為を変えたわけではないことを、頭に入れておいてください。彼はメッセージを受け取って、みずから変わったのです。わたしたちは人を変えることはできません。アルコール依存症患者の更正会が繰り返し言う、賢明な言葉があるでしょう。〝あなたを変えられるのは、あなただけです〟」

看護師が言い添えた。「わたしは、他人を変えられるかのように振舞う人をたくさん知ってるわ。彼らは、人をきちんとさせるとか、改宗させるとか、考え方をまともにさせるとか言ってる。これにたいしてトルストイは、誰もが世界を変えたがるが、誰も自分自身は変えたがらないと言いました」

「そのとおりよね、キム」。コーチが同意した。「みんなが玄関の前を掃くだけで、いずれ通り全体がきれいになるのに」

「でも、シメオン。リーダーなら、みんなを変わるように誘導できるんじゃないか?」。軍曹が質問をした。

「わたしの言う誘導とは、選択に影響を与えるあらゆるコミュニケーションのことです。リーダーとして、必要な刺激を生み出すことはできるかもしれませんが、人はかならずみずから選択して変わらなければなりません。園芸の原理を思い出してください。わたしたちは成長を作り出すのではない。わたしたちにできるのは、正しい環境を提供し、人が変化し成長することを選択するよう、必要な刺激を与えることだけなのです」

牧師が思いついたように口にした。「行為を規制している場所を、もうひとつ知っていますよ。リッツ・カールトン・ホテルに泊まったことのある人はいますか?」

「リッツに泊まれるのは、あんたのような金持ちの牧師だけだ」。軍曹が冷笑した。

牧師はこの言葉を無視して続けた。「年に一度、わたしはちょっと無理をして、妻とリッツで一泊するんです。あのホテルは入るとすぐ、そこが特別な場所だとわかります。スタッフ全員が、文字どおり身をていして客のニーズに応えようとしていて、並外れた敬意に満ちた雰囲気だからです。ある晩、リッツで夕食をとる前、わたしはカクテル・ラウンジでグラスを傾けていました……」

「浸礼派の牧師がバーで酒を？」。軍曹が茶々を入れた。

「妻はノンアルコールのダイキリ、わたしはライム入りのダイエット・コークでしたよ。それはともかく、わたしはふたりのバーテンダーが仕事をする様子を見ていて、彼らが大変な敬意をもって客や仕事仲間に接しているのに気づきました。それで、バーテンダーのひとりに訊いてみたんです。〝きみたちは客や同僚にとても敬意をもって接しているけど、どうしたらそんなふうになれるんですか？〟とね。すると彼はいとも簡単に答えました。〝はい、リッツにはこういうモットーがあるんです。『わたしたちは紳士淑女のお相手をする紳士淑女である』〟。そこでわたしはこう言った。とても覚えやすい言葉だが、言いたいことがいまひとつわからない、と。そうしたら、彼はわたしをじっと見て言ったんです。〝このように振舞わなければ、ここで働くことはできないんですよ！　まだ何かおわかりにならないことがありますか？〟。わたしは笑って、よくわかったと言いました」

コーチがつけたした。「ルー・ホルツのことを知ってるかしら。ノートルダム大学の有名なフットボール・コーチよ。彼は自分が指導するチームに、ものすごいやる気を起こさせることで有名なの。選手の意気ごみだけじゃない。同僚、秘書、アシスタント、雑用係の少年さえも、彼がコーチを務めたところでは、みんながやる気を出した。その彼がレポーターから、〝みんなにやる気を出させる秘訣はなんですか？〟と訊かれたとき、こう答えた。〝簡単なことだ。やる気のないやつを消すんだよ〟」

6日目

どう行動するかを選びとるとき

われわれが何を考え何を信じるかは、結局ほとんど意味がない。唯一意味があるのは、何をするかだ。

——ジョン・ラスキン（十九世紀イギリスの評論家）

金曜日の朝がきた。シメオンは礼拝堂に来て、おはようと言ってうなずくと、わたしの隣に座った。そして何分間か黙って座っていたあと、いつもの質問をした。わたしは答えた。

「たくさんのことを学んでいます。何から始めればいいのかわかりません。たとえば、自分が監督しているチームの行為を規制するという考え。これはよく考えなければいけません」

「ビジネスの世界にいたころ、わたしは人事の人間に、従業員の行為を規制する長大な雇用マニュアルの類は持たせませんでした。それよりずっと関心があったのは、リーダーの行為と、彼らの行為を規制することでした。リーダーが正しければ、残りは自然とついてくるでしょう」

「重要なことですね、シメオン」

「かつてわたしは、何社ものトラブルを抱えた会社に行きましたが、どこでもかならず、フォークリフトの運転手のチャッキーとか、出入荷課の女の子が問題なんだと指摘されたものです。しかし、そういう会社を引き取ったとき、十回のうち九・五回までが、問題は会社のトップにありました」

「その話はおもしろい。というのも、わたしの妻……」

「精神科医の？」。シメオンが笑った。

「話をさえぎりましたね？」。わたしはからかうように言った。「ちょっと失礼なんじゃないかな」

「許してください、ジョン。つい我慢できなくて」

「許しますよ、シメオン。とにかく、妻は仕事で、うまくいっていない家庭を相手にすることが多いのですが、そこでもあなたが経験したのと同じ力が働くようなんです。両親が子どもを連れてきて、〝この子をなんとかしてください！　どこでも暴れるんです！〟と言う。もちろん妻には、経験から、子どもが暴れるのは真の問題のひとつの兆候にすぎないとわかっている。むしろ両親に起きていることのほうが心配だというわけです」

「昔の賢明な将官が、弱い兵などいない、弱いリーダーがいるだけだと言いました。工場の組合運動は、何かの兆候だと思いますか？　ジョン」

「おそらくそうでしょう」。わたしは答えたが、うしろめたかったので話題を変えた。「昨日の朝の話に出た、肯定的な行為からは肯定的な感情が生まれるというのは、正確にはどういう意味ですか？」

「ああ、思い出させてくれてありがとう。ふつうわたしたちは、考えや感情が行為を促すと思っています。もちろん、これは真実です。考え、感情、信念などは、実際のところ行為に大きく影響しています。でも、その逆もまた真実なのですよ」

「よくわかりませんが……」

「行為もまた、考えや感情に影響するのです。長い時間、人や物事に注意を向け、時間や努力などを注ぎこんでいると、その注意の対象にたいしてある感情が生まれます。心理学者はこれを、〝対象に心的エネルギーを向ける〟と言いますがね。〝夢中になる〟とか〝固執する〟と言ってもいいでしょう。養子が実子と同じように愛されることや、ペット、タバコ、園芸、酒、ゴルフなど、わたしたちの暮らしに満ちているさまざまなものへの執着もこれで説明できます。わたしたちは、注意を向け、時間を費やし、奉仕するものに結びつけられるのです」

「なるほど。わたしが隣人のことを好きになったのも、だからかもしれません。最初に会ったとき、これほど気味悪い男は見たことがないと思ったんです。でも時間が経って、しかたなく庭仕事や近所の用事を一緒にやるうち、だんだん好きになってきました」

「ジョン、このことは逆の方向にも働くんですよ。たとえば戦争時には、国は敵の人間性を奪おうとします。ドイツ人を〝クラウト〟、東洋人を〝グーク〟、ベトコンを〝チャーリー〟と呼んだりしたでしょう。そうやって非人間化されたものを殺すほうが正当化しやすくなるからです。誰かを嫌ってひどく扱うと、もっと嫌いになるのもそのせいです」

「確認していいですか、シメオン。その説によれば、もし奉仕する人を愛し、彼らのために努力して、それに合わせた行動をとれば、時間が経つにつれて、その人たちに好意的な見方ができるようになるということですか？」

「基本的にはそうです。〝現実のものとするために、ふりをしろ〟とでも言いますか。有名なハーバード大学の心理学者ジェローム・ブラナーは、わたしたちは感情から行動を起こすより、行動から感情を発しやすいと言っています」

「たしかに」。わたしは答えた。「わたしも含めた多くの人が、〝ちがう行動をとりたいという気持ちが強まれば、そうするだろう〟と考えたり言ったりしますが、残念ながら、そんな感情が生じることはあまりない」

「リーが水曜日に名前を出したトニー・カンポロは、結婚生活を修復するのに、この実践の力を挙げています。離婚に至る多くのカップルはロマンティックな感情の喪失を経験しますが、カップルがそのつもりになればこれを取り戻せるというのです。そのためには、それぞれが三十日間、たがいに恋していたころと同じように配偶者を扱うと約束する。夫は妻に美しいと言い、花を贈り、夕食に連れていき、妻も夫にハンサムだと言い、彼の好きな料理を作るという具合です。カンポロは、この難しい約束をやりとおせるカップルならば、感情は戻ると主張します。感情は行為についてくるのです」

「しかしシメオン、それを始めるのは難しいでしょう。好きでもない誰かに感謝したり敬意を表したり、愛せない誰かを愛しているかのように振舞うのは大変なことです」

「たしかにそうです。でも、感情の筋肉を伸ばして成長させるのは、肉体の筋肉を伸ばして成長させるのと似ています。最初は難しいですが、献身的で適切な練習によって、感情の筋肉も肉体の筋肉のように伸びて大きくなり、想像もできないほど強くなるのです」

シメオンは、わたしに言い訳をする余地を残してくれなかった。

どこまでが自分の責任か

わたしは講義の部屋に座り、窓から眼下の美しい湖を見ていた。いつものとおり、大きな暖炉に火が燃え、カバノキのあたらしい薪に火が燃え移るたびに音を立てていた。金曜日の朝だ。いつのまに一週間が過ぎ去ったのだろう？

シメオンは九つのチャイムが鳴り終わるまで、講義を始めなかった。

「多くの親、配偶者、コーチ、教師は、リーダーとしての役割に伴う責任や、有能なリーダーであるために求められる選択と行為を引き受けようとしません。たとえば彼らは、〝子どもたちが態度を改めたら、敬意を持って接してあげる〟とか、〝妻が行動を正したら、わたしのほうも努力してやろう〟、あるいは〝おもしろいことを言うなら、旦那の話を聞いてもいい〟、〝上司がわたしのことを重んじてくれたら、わたしも部下を重んじる〟などと言う。すべての言葉が、〝……したら、わたしは変わる〟なのです。しかし、それはいつのことでしょう。

ともに夕方まで過ごす最後の一日は、責任と選択について話し合いたいと思います。水曜日に話し合ったように、リーダーシップは選択とともに始まります。これらの選択には、みずから望んだ責任に向き合い、よい意図に見合った行動をとることも含まれます。ところが多くの人は人生において適切な責任を引き受けたがらず、よそに押しつけようとします」

「おもしろいことを思い出しました、シメオン」。看護師が話し始めた。「仕事についたばかりのころ、二年ほど、大きな市立病院の精神科で働いたことがあります。すぐに気づいたことのひとつが、精神的な問題を抱える人の多くが責任の感じ方に偏りがあることでした。たとえば神経症患者は、責任を感じすぎて何もかもが自分のせいで起こると思ってしまいます。〝夫が酒を飲むのはわたしが悪い妻だから〟とか、〝子どもが麻薬を吸うのはわたしが父親失格だから〟とか、〝天気が悪いのは今朝わたしがお祈りをしなかったから〟という調子です。いっぽう性格障害の人は、たいていの場合、自分の行動にほとんど責任をとらず、悪い成り行きになったのはすべて他人のせいだと考えます。〝子どもが学校で問題を起こしたのは出来の悪い教師のせいだ〟とか、〝会社で昇給しないのは上司に嫌われてるせいだ〟とか、〝わたしが酒を飲むのは父親が飲んだからだ〟とかね。そしてその中間に、性格神経症というのがあって、これは時によって責任を感じすぎたり、きちんと感じなかったりする」

「キム、わたしたちは今日《こんにち》、神経症的と性格障害的、どちらの社会に生きていると思いますか？」。シメオンがたずねた。

彼女が答える前に、軍曹が割りこんで、叫ぶように言った。「何を言ってるんだ？　アメリカではみんなが性格障害になっちまって、世界じゅうに笑われてるんだ！　何にたいしても、誰も責任をとりたがらない。コカインを吸ってるところをビデオに映されて、人種差別の陰謀だと言ったワシントンDCの市長のことを覚えてるかい？　ふたりの息子を車の後部座席に縛りつけて溺死させ、子どものころ性的虐待を受けたからやったと主張した女はどうだ？　長年タバコを吸い続けることになったといって、タバコ会社を訴えた喫煙者たちは？　市長と市政執行者を撃って、ジャンクフードの糖分のせいで一時的に頭がおかしくなっていたと言ったサンフランシスコの市職員は？　この社会の個人的責任はどうなっちまったんだよ？」

「わたしが考えるに、問題のひとつは」、シメオンが続けた。「この国では、ちょっとフロイトに走りすぎたんです。フロイトは精神医学の分野に大きな貢献をして、わたしたちはこれに感謝しなければなりませんが、彼は決定論の種を撒き、悪い行為のための言い訳を社会に与えた。その結果わたしたちは、行動に見合った責任を引き受けるのを避けられるようになってしまいました」

「シメオン、〝決定論〟について少し説明してもらえますか?」。わたしは頼んだ。

「極端に言うと、決定論というのは、物理的であれ精神的であれ、あらゆる結果や出来事には先行する原因があるという考え方です。ケーキの作り方に従えばケーキという結果がもたらされるようにね。厳密な決定論では、物理的あるいは精神的な原因がわかれば結果を予想できるといいます」

「でも」、牧師は異議を唱えた。「それだと、世界の創造についての逆説にたどりつくんじゃないですか? つまり、宇宙をいちばん最初の瞬間、ビッグバンのほんの一瞬前に戻したら、最初の原因をどう説明するんですか? 最初のヘリウムだか水素だかの原子は何が作ったのか? そうやって考えていくと、かならず何かが、無から生まれなければならないことになる。わたしたち宗教に関わる人間は、最初の原因は神だとします」

軍曹が小さくつぶやいた。「それで毎日お説教をしなければならないんだな、牧師さん」

「そのとおりですね、リー。科学は最初の原因という逆説を納得いくように解いてはいません」。シメオンは続けた。「決定論は一般的に、物理的な出来事については正しいとされてきました。しかしフロイトはこれをさらに推し進めて、人間の意思についても同じ原理を適用したのです。人間は本質的に選択をせず、自由意思は幻想だと主張しました。わたしたちの選択と行動は、充分に知ることのできない無意識によって決定されていると考えたのです。フロイトは、その人の遺伝形質と環境について充分に知れば、個人的な選択に至るまで、正確に行為を予知できると断言しました。彼の理論は自由意思という概念に手痛い一撃を加えました」

校長が補足した。「遺伝的決定論によれば、わたしのお粗末な遺伝子はおじいちゃんのせいで、だからわたしは酒飲みだということになるわ。心的決定論によれば、わたしの不幸な幼少時代が両親のせいになり、もちろん、そのせいでわたしはお粗末な人生の選択をさせられたことになる。環境的決定論によれば、わたしの仕事が惨めなのは上司のせいで、わたしの職場での態度が悪いのもそのせいだというわけ。行為に関する言い訳が山ほどある！　すてきなことね」

そのとき、どちらを選ぶか

「昔から、人をつくるのは遺伝か環境かという議論があるわ」。看護師が指摘した。「今では、遺伝子と環境から影響は受けるけど、それでも選択の余地はあると見なされていると思う。一卵性双生児を考えてみて。同じ卵子から生まれて同じ遺伝子を持ってる。そして同じ家で一緒に育つ。それでもふたりは、まったくちがう人間よ」

シメオンが話を続けた。「なるほど。今朝はわたしの好きな詩のひとつを持ってきました。作者はわかっていません。タイトルは〝決定論再訪〟、こんな詩です。

精神科医のところに行った……精神分析をしてもらうために
どうして恋人の目のまわりに黒あざを作ったか、説明してくれるといいと思って
医者はわたしを寝台に寝かせ、診察をした
そして無意識からこんなことをさらいだしてきた
一歳のとき、ママがわたしのお人形を旅行鞄に閉じこめた
だからわたしはいつでも酔っ払ってる
二歳のとき、パパがお手伝いさんにキスするのを見た
だからわたしは盗癖に苦しんでる
三歳のとき、兄弟たちに矛盾する感情を持った
だから恋人を全員殴る！
こうした教えを受けてとってもうれしい

わたしのする悪いことはみんなほかの誰かのせいだって！

やあ、リビドー、頭のおかしな、愉快なジークムント・フロイト！」

皆が笑うなか、コーチだけが笑っていなかったので、わたしは彼女にたずねた。「あまり納得してないみたいですね、クリス。何か引っかかっているんですか？」

「選択の自由って、ほんとうにそれほどあるかしら。たとえば、アルコール依存症の人の子どもが同じ病気になりやすいことは、研究から明らかでしょう？　それも選択だと言えるかしら？」

「いい質問です、クリス」。シメオンは答えた。「わたし自身、アルコールで問題のある家系の出です。アルコール依存の素因を持っていることはわかっているので、とても注意しなければなりません。事実、二十代後半と三十代前半には、ちょっと危ない時期がありました。でもだからといって、飲酒の責任を父や祖父に負わせるのはどうでしょう？　そもそも飲むことを選ぶのはわたしです」

　わたしも話したくなって、つけくわえた。「最近、ビジネス倫理に関する管理職のセミナーに参加したんですが、そこでは責任《レスポンシビリティ》という言葉を、反応《レスポンス》と能力《アビリティ》のふたつに分けていました。わたしたちには日々、さまざまな刺激が襲いかかってきます。請求書、ひどい上司、夫婦の問題、従業員の問題、子どもの問題、隣人の問題……。刺激はつねにあります。

でも、わたしたち人間には、それにたいしてどう反応するかを選ぶ能力があるはずです」「実際」、教師が口早に言った。「選択するという能力は、人間であることの誇りのひとつです。動物は本能によって反応しますから」

軍曹もうなずいた。「ああ。ベトナムから車椅子に乗って帰ってきた男たちのなかでも、ヘロイン中毒になって燃え尽きちまったやつもいれば、復員軍人庁の長になったやつもいる。同じ刺激でも、ちがった反応をしたんだな」

シメオンが続けた。「ヴィクトール・フランクルという名前を聞いたことがあるでしょうか。『夜と霧』という有名な本を書いた人です。この本は皆さんにお勧めします。フランクルはユダヤ人の精神医学者で、名門ウィーン大学で教育を受けたのちに教授になりました。当初は指導者であり敬愛するフロイトと同じく、決定論を信じて提唱しました。それから戦争になり、数年ほど強制収容所に入れられた経験から、独自の思想を育みました。彼は家族の大半と財産とを失い、恐ろしい医療実験を受けさせられました。ひどい苦しみを味わいましたが、その苦しみのなかで、人間の本質について多くを学んだのです。彼の本から少し読んでみましょう。

『ジークムント・フロイトはかつてこう断言した。〝さまざまに異なるたくさんの人たちを、一様に飢餓にさらしてみるといい。有無を言わさぬ空腹に駆られて、個人的なちがいは薄れ、不穏な本能的衝動の表情が一様に表われるだろう〟。幸いなことに、フロイトは強制収容所を内部から知ることがなかった。彼の患者はヴィクトリア朝風の豪華な寝椅子に横たわっていて、不潔なアウシュヴィッツにいるわけではなかった。アウシュヴィッツでは〝個人的なちがい〟は〝薄れ〟なかった。逆に、ちがいはもっと明らかになり、卑劣なものも聖なるものも、本性を現わすことになった……

人は結局、自己決定するものだ。どのようなものになるかは、その人自身が決める。たとえば強制収容所。この人間に関する実験場でわたしたちは、一部の仲間が卑劣な振舞いをし、ほかの仲間が聖人のような振舞いをするのを目撃した。人には両方の可能性があり、どちらが表出するかは、条件ではなく決定による。

わたしたちの世代が現実的なのは、人間の本質を知ったからだ。結局のところ、アウシュヴィッツのガス室を発明したのは人間である。だが、背筋を伸ばし、主の祈りや〝聞け、イスラエルよ〟を口にしながらそのガス室に入っていったのもまた人間なのだ』」

しばらく間があってから、校長が静かに言った。「たいしたパラダイムの変化ね！　生粋の決定論者が、〝人は結局、自己決定するものだ。どのようなものになるかは、その人自身が決める〟、そして表出するものは〝条件ではなく決定による〟と言うようになるなんて」

習慣にいたる四つの段階

午後の話し合いでも、シメオンは責任と選択の重要性について強調した。

「六十年ほど前、わたしが六年生のときのことです。ある日、クラスの子どもたちが宿題はいやだと不平をこぼしていると、担任のミスター・カイミがこう叫びました。〝宿題は強制ではありません！〟。そして、子どもたちが注目するなか、先生は続けてこう言いました。〝人生には、しなくてはならないことはふたつしかない。ひとつは死、もうひとつは……〟」

「納税だ！」。軍曹が口を出した。

「そのとおりです。死と納税。この言葉を聞いたときほど、解放された気分を味わったことはありませんでした。どっちもわたしには関係ない！　なにしろわたしはまだ六年生、死などは百万年も先の話だし、お金を持っていないから納税もしない。ついに自由だ！

ところで、その日は火曜日で、夜にごみを出す日でした。それで父に、〝ごみを出してきてくれ〟と言われたのですが、わたしはここぞとばかりに言いました。〝お父さん、カイミ先生が今日、人生でぼくたちがしなくちゃならないことはふたつしかない、死と納税だって教えてくれたんだよ〟。そのときの父の返答を、決して忘れないでしょう。父はわたしを見て、ゆっくりと、でもはっきりと言いました。〝息子よ、学校で有益なことをたくさん学んできてくれてうれしいよ。腹をくくったほうがいいぞ、おまえは今、死を選んだんだからな！〟」

笑いが静まってから、教師は続けた。「でも、あの日ミスター・カイミの言ったことは真実ではなかった。納税しないことを選択する人たちがいますからね。ベトナム戦争以来、国から離れ、今も森で暮らしている人たちがいます。彼らは、納税はおろか、通貨さえ使いません。皆さん、人生でしなければならないただふたつのこと、それは死と、選択です。これらからは逃げられません」

「人生からすっかり手を引いて、何の選択も決定もしないことにしたらどうなんだい？」。軍曹が挑発するように言った。

これに答えたのは校長だった。「キルケゴールは、決定をしないこと自体が決定だと言いました。選択をしないことそのものが選択なんです」

「じゃあ、結局この責任と選択の講義で、何が言いたいんだい？　シメオン」。ふたたび軍曹が挑発した。

教師が答えた。「いいですか、グレッグ。権威によるリーダーシップへの道は、意思から始まると話しました。意思とは、〝行動と意図とを一致させる〟という選択です。最終的に、わたしたちはどう行動するかを選択しなければならないし、選択したことの責任も受け入れなければなりません。忍耐強くするか、苛立つか？　優しくするか、厳しくするか？　積極的に聞くか、自分が話す機会をうかがって黙っているだけか？　謙遜か高慢か？　敬意を払うか、乱暴にするか？　無私か、利己か？　許すか、憎むか？　正直か、不正直か？　献身するか、関与するだけか？」

「なあ、シメオン」、軍曹は口調を鎮めて言った。「週の前半に、愛という行為がすごく不自然に見えると自分が言ったことを、ずっと考えていたんだ。リーは、おれだって重要な人間にはそのように振舞うだろうと指摘した。だがどうも納得できないし、隊のやつらに試すことを考えただけで戸惑っちまう。どうしても、それが人間の本質だとは思えないんだ」

校長がまた引用を持ち出した。「人間の本質、それは〝パンツをはいてトイレに行くことだ〟と、ある専門家が言ってるわ」

「そいつはいい。どこから拾ってきたんだい？」。軍曹が気取ってゆっくり言った。

「M・スコット・ペックという精神科医の言葉よ」。テレサはにやりと笑った。「ちょっと乱暴な言い方だけど、深い意味があると思う。小さな子どもにとっては、トイレの訓練ほど不自然なことはないでしょう。パンツをはいたまま全部出しちゃうほうが、ずっと簡単ですもの。でもやがて、我慢を覚えてトイレを使う習慣を身につければ、その不自然な行為が自然になる」

「それはどんな訓練にも言えることよね」。看護師が言った。「トイレを使うこと、歯を磨くこと、読み書きを習うこと、なんでもあたらしい技能を習うとき、わたしたちは学ぶ訓練をしてる。考えてみると訓練って、自分たちに、自然でないことをするよう教えることなのね」

「すばらしい、すばらしい」。シメオンは声を上げた。「わたしたちは、不自然なことが自然な習慣になるまで、みずからを訓練することができます。わたしたちが習慣的な生き物であることは知っていますね。皆さん、日曜日の朝に座ったのと同じ場所に座っていることに気づいていますか？」

「ほんとうですね、シメオン」。わたしはそう答えながら、自分がちょっとばかみたいな気がした。

教師は続けた。「あたらしい習慣や技能を開発するには四つの段階があります。知っている人もいるでしょう。その四段階は、いい習慣と同じく悪い習慣を、いい技能と同じく悪い技能を、いい行為と同じく悪い行為を身につけるのに適用されます。そしてうれしいことに、リーダーシップのあたらしい技能を学ぶのにも適用されるのです」

そう言うと、フリップチャートに歩み寄ってこう書いた。

第一段階：無意識で未熟

「これは、行為や習慣を知る前の段階です。母親にトイレを使えと言われる前、酒やタバコを始める前、スキーやバスケットボール、ピアノ、タイプ、読み書きなどを習う前です。技能を意識しておらず、興味もなく、明らかに未熟です」

彼は次にこう書いた。

第二段階：意識していて未熟

「これはあたらしい行為を知っても、まだ技能が身についていない段階です。母親がトイレのことをほのめかし始め、最初のタバコや酒を口にしたけれど不味《まず》い、初めてスキーをはき、バスケットボールのシュートを試み、タイプライターやピアノの前に座ったときです。この段階では、ぎこちなくて不自然で、気後れするでしょう。グレッグ、さっきあなたが言ったように、あなたが多少気後れしているのはこの段階にいるからです。でもそのまま続ければ、次の段階に進めます」。彼は振り向いて、さらに書いた。

第三段階：意識していて熟練

「これはどんどん上達して、あたらしい行為や技能に慣れる段階です。子どもはトイレに間に合わないような失敗をめったにしなくなり、タバコや酒がおいしくなり、スキーをしてもぎこちなさがなくなり、バスケットボールのフォームを意識しながらでも楽しみ始め、タイピストやピアニストはほとんど手元を見なくなる。〝こつを飲みこんでくる〟のがこの段階です。では、あたらしい習慣の最終段階はなんだと思いますか？」

「無意識で熟練」。三人が同時に答えた。

「そのとおりです」。教師は書きながら言った。

第四段階：無意識で熟練

「これはもう考える必要のない段階です。朝になったらトイレに行って歯を磨くのが、この世でもっとも〝自然な〟ことになる段階ですね。アルコール依存症患者やチェーン・スモーカーもここにいます。彼らはもはや、自分の行為や習慣に気づいていないも同然です。通りを歩くのと同じくらい自然にスキーで山を下りるのも同じ。バスケットボールのマイケル・ジョーダンも、この段階です。彼はフォームややり方を考える必要がなく、まったく自然に動いている。グレッグ、これが、リーダーが行為を習慣に、自分の本質にできる段階です。これが、よきリーダーになろうとする必要のないリーダーです。なぜなら、すでに、よきリーダーだからです。この段階のリーダーはもう、よき人間になろうとする必要もない。すでによき人間なのです」

わたしは言ってみた。「人格形成の話みたいですね」

「そのとおりです、ジョン」。彼は認めた。「リーダーシップは個性や持ち物、カリスマ性とは関係ない。問題は、あなたがどういう人間であるかなのです。かつてのわたしは、リーダーシップとはやり方の問題だと思っていました。でも今はちがう。それは本質、つまり人格の問題だとわかったのです」

「なるほど。考えてみると……」牧師が言葉をついだ。「多くの偉大なリーダーが、それぞれちがった個性とやり方を持っています。パットン将軍とアイゼンハワー元帥、リー・アイアコッカとメアリー・ケイ、フランクリン・ルーズヴェルトとロナルド・レーガン、あるいはビリー・グラハムとマーティン・ルーサー・キング。でも、やり方はそれぞれちがっても、みんな有能なリーダーです。シメオン、あなたの言うとおりです。やり方なんてもの以上の何かが働いているにちがいありません」

シメオンがつけくわえた。「そうなのです。リーダーシップという務めと愛は、人格の問題です。忍耐、優しさ、謙遜、無私、敬意、許し、正直、献身。長い時間に耐えうる卓越したリーダーになりたければ、こうした人格の基礎を習慣として身につけ、成熟させなければなりません」

校長が言った。「また引用をするのはいやなんだけど、ここにふさわしいと思う、原因と結果に関する古い言い習わしがあります。〝考えは行動になり、行動は習慣になり、習慣は人格になり、人格は運命になる〟」

「すばらしいですね、テレサ」。牧師がきっぱりと言った。

「ああ、ありがたいことだ」。軍曹が不満そうに言い、話し合いは終わった。

7日目

リーダーにたいする真の報酬

努力して訓練すれば、いくつもの報いがある。

――ジム・ローン（アメリカの起業家）

一緒に過ごす最後の朝。五時十分前に、わたしは黙ったままシメオンの隣に座っていた。するとと突然、彼がわたしを見てたずねた。「ジョン、今週学んだことのなかでもっとも重要なものをひとつだけ言ってください」

「よくわかりませんが、動詞としての愛に関連したことだと思います」。わたしはすぐに答えた。

「よく学びましたね、ジョン。はるか昔、そのころは法律家を律法学者と呼んだものですが、その法律家がイエスに、ユダヤ教でもっとも重要な戒めをひとつ教えてくれと頼みました。ユダヤ教は何世紀にもわたって発展してきて、その教えは何千もの巻物に記録されてきたのに、この法律家はもっとも重要なものをひとつだけ知りたいと言ったのです。イエスは彼の願いを聞き入れました。そしてじつに簡単に、神を愛し隣人を愛することだと言いました。愛があれば、あなたも正しい軌道に乗れると思いますよ」

「シメオン、あなたは修道士だというのに、わたしたちにお説教をせず、信仰を押しつけもしなかった。ここに来たとき、お説教をされるのではないかと恐れていたんですよ」

「どこへ行っても福音を述べ、必要なときにだけ言葉を使うべきだと言ったのは、アウグスティヌスだったでしょうか」

「そうですね。あなたには言葉は必要ないと思います。あなたの人生そのものが、わたしたち全員にとって手本です。すべてを投げ打ってここに来て奉仕をしている。まさに無私の手本です」

「逆ですよ、ジョン。ここに住み奉仕することを選んだのには、たくさんの利己的な理由があります。ただ、奉仕し、個人を犠牲にし、大修道院長や規則に従うことは、わたしの自己中心的な性質を壊すのにとても有効でした。うぬぼれやエゴを壊せば壊すほど、人生の歓びが増えました。ジョン、わたしはときに、言いようもないほどの歓びを感じ、利己的にも、それをもっと求めてここで奉仕しているのです」

「あなたのような信仰をわたしも持ちたいと思いますよ。でも信仰、リーダーシップ、愛、その他、今週ここで話し合ったような事柄は、わたしにとっては難しく、あなたにとってはそんなにも自然です」

「いいですか、ジョン。物事はかならずしも見かけどおりではありません。以前はわたしも同じように気後れし、難しいと思っていました。ずっと自分を否定して他者のために努力しようともがいてきたし、今ももがいていることは、神だけがご存じです。でもあなたには認めましょう。以前よりも無意識になり熟練してきたので、今ではずいぶん容易になりました。ずっとイエスが助けてくださっています」

「あなたがあなたの信じるものを信じ、イエスが助けてくれると確信するのは理解できます。でもわたしはもっと証拠が欲しい。残念ながら、あなたは神の存在を証明できない」

「そのとおりです。あなたがわたしに神は存在しないと実証できないように、わたしはあなたに神の存在を実証できません。それでもわたしは、あらゆる場所に神の証拠を見出します。あなたは別の世界を見ています。以前に話し合ったように、わたしたちは世界そのものを見ず、わたしたちなりの世界を見ていますから」

「これからは、物事にたいしてちょっとちがった見方をしてみる必要がありそうですね」

「選択的知覚の力というのを思い出してください。わたしたちは、探しているものを見つけるのです」


講義が始まる三十分前のことだった。長椅子に座り、火をじっと見つめながら深い物思いにふけっていたわたしの頬を、とつぜん涙が伝った。三十年来、経験のないことだった。軍曹がやってきて隣に座り、わたしの膝をたたいてたずねた。「大丈夫かい？　あんた」わたしはただうなずいた。自分でも驚いたことに、わたしは泣いていることが恥ずかしくなく、それを隠そうとも思わなかった。ただ涙が流れるにまかせていた。軍曹はそれ以上何も言わず、そのまま隣に座っていた。

努力の意味

「わたしたちが同じグループで一緒に過ごすのは、この二時間が最後です。これまで話し合ったことについて、どんな思いが残っているでしょうか。今の時点で、反論や疑問がある人がいますか？」

「ずいぶん大変な仕事のような気がします」。最初に口を開いたわたしの声は、若干かすれていた。「影響力を身につけるのに必要な努力や、注意を払い、愛し、人のために尽くすという仕事、あたらしい技能と行為を学ぶのに必要な訓練といったことについて、ずっと気になっている疑問があります。そんなに努力をする価値が、ほんとうにあるんでしょうか？」

「ジョン、それはわたしも長年にわたって何度も自分に問いかけた疑問です。権威あるリーダーは、たくさんの選択と犠牲を求められます。たくさんの訓練が必要です。でも、リーダーになると希望したときに、わたしたちはみずからそれをすると約束したのです」

椅子の上で身じろぎして、話したそうにしていたコーチが口を開いた。「選手にはいつも、訓練には専念し努力することが求められるけど、かならず返ってくるものがあるのよ、と言っています。このなかで誰か、定期的に運動してる人はいるかしら？」

「一週間に三回か四回はローラーブレードをするようにしているわ」。看護師が言った。

コーチは続けた。「キム、定期的に出かけていってローラーブレードをするという努力と訓練に、何か見返りはある？」

「もちろんよ！」。看護師は勢いこんで答えた。「気分がよくなるし、頭も冴える。霊的な感性も上がる気がするわ。厳しい食事制限をしなくてよくなるし、月経前症候群を抑えるのにも役立つ……ほかにもいろいろよ」

「わたしたちコーチは選手に、この原理はどんな訓練にも当てはまると教えます。トイレを使う、歯を磨く、読み書きを習う、教育を受ける、ピアノを弾く、縫い物を習う、考えてみれば、どんな訓練にたいしても複数の報いがある。権威によって導くという訓練も、同じなんじゃないかしら」

「きっとそうだと思いますよ、クリス」。シメオンはうれしそうな顔をして答えた。「実際、たくさんの報いがあります。報酬といってもいい。どんな報酬があるか、誰か挙げてみてくれますか？」

「当然のことですが」、校長が答えた。「人のために奉仕して犠牲を払う努力をするという選択をしたとき、わたしたちは影響力を身につけます。影響力を身につける術を知っているリーダーは、その技能を多くの人から求められるでしょう」

「ありがとう、テレサ。ほかには？」

「人生に使命を与えてくれる」。軍曹がはっきりと言った。

「グレッグ、それはどういう意味ですか？」。シメオンはたずねた。

「軍隊の暮らしがいいと思ういくつかの理由のうちのひとつが、使命、目的、見通し、朝起きる理由を与えてくれることだ。コーチが言ったように、訓練に伴う努力にはたくさんの報酬がある。軍人になるのに必要とされる訓練も同じだ。自分が責任を負う者たちに奉仕することによって権威を身につけるという使命は、そのリーダーに、どこに向かっているかという見通しを与えてくれる。その見通しが、目的と意味をもたらす」

「みごとです、グレッグ。よくまとめてくれたことに感謝します」。教師は微笑んだ。「権威によって導くことの職務記述書があったら、たくさんの仕事をしなければならないことに気づくでしょう。優しくあること、積極的に聞くこと、感謝や称賛や承認を与えること、規準を設定し、期待を明らかにし、基準に見合う仕事をさせること……これらはグレッグの言うとおり、日々の使命なのです」

「考えてみたら」と牧師がつけくわえた。「権威をもって導くという訓練をみずからに課すことは、個人的な使命表明文《ミッション・ステートメント》を掲げるようなものですね。最近、企業はさかんにミッション・ステートメントを掲げて、何のために力を尽くすかを明らかにしていますが、個人が、自分が何者で、何のために力を尽くしているかを表明することの重要性も大きい。〝人は何かのために立っているのでなければ、簡単に足元をすくわれる〟と言った人がいますね」

「企業人だったころ、ミッション・ステートメントが有益な目標の達成に役立つことを知りました」。シメオンが言葉を添えた。「でも、人はミッション・ステートメントに従う前に、リーダーその人に従うものだということを忘れてはなりません。いったんあるリーダーを受け入れたら、そのリーダーの持ち出す声明がどんなものでも受け入れます」

校長が言った。「グレッグ、使命、目的、意味について指摘してくれてありがとう。わたしの学校でも、生徒たちは必死に目的や意味を求めている。それらのニーズが満たされないとき、ギャングや麻薬や暴力、その他たくさんの邪悪なものに向かうのです」

人生をやりなおすなら

シメオンはつけくわえた。「九十歳以上の人、百人を対象にした社会学の調査結果を読んだことがあります。そこには、簡単な質問がひとつありました。〝もう一度人生をやりなおすとしたら、自分の行動をどう変えたいですか？〟です。上位三つの答えは、〝もっと危険を冒す〟、〝もっと考える〟、〝もっと後世に残ることをする〟でした」

「権威をもって導くというのは、たしかにいくらか危険を冒すな」。軍曹は躊躇なく言った。「〝権力に頼る〟タイプの上司に出会ったら、部外者でいたいもんだ」

「おい、グレッグ、人生のすべてに危険はつきものだぞ」。わたしは言い返した。「とくにリーダーにとってはね。古い言い習わしに、トップに近づけば近づくほど出口にも近づく、というのがある。ヒューストン・オイラーズの元ヘッドコーチ、バム・フィリップスによればこうだ。〝コーチには二種類しかいない。クビになったコーチと、クビになりそうなコーチだ〟」

「その調査の、〝もっと考える〟という答えが好きだわ」。看護師は静かに言った。「今週の初め、シメオンはわたしたちに、人の世話を引き受けるという重大な責任についてもっと考えるようにと言いました。その百人のお年寄りの言うとおり、わたしたちは人生のたそがれにどこかの老人ホームで考えるのではなく、いま、自分の責任について考えるべきね」

牧師が加えて言った。「わたしは、もっと後世に残ることをする、という答えに惹かれる。これまでお年寄りとたくさんの時間を過ごしてきましたが、穏やかに年老いて死んでいくためには、他人の生活によい変化をもたらしたかどうかが重要です。最終的に重要な問題はただひとつ、自分の人生がどんなよい変化を生んだかです。リーダーとしての役割を担うことで、わたしたちは他者の生活をよい方向に変える稀有な機会に恵まれています。大勢の人に倣って〝とにかくやれ！〟と古いやり方で引っぱってもいいけれど、大勢の後を追うものは、大勢から追われることはありません」

校長は言った。「人の生活によい変化をもたらすことはとても重要よ。あるアメリカ先住民族に、こんな古い諺があります。〝あなたが生まれたとき、あなたは泣き、世界が喜んだ。あなたが死ぬときは、世界が泣き、あなたは喜ぶような生き方をしなさい〟」

「いい言葉ね」。看護師が言った。「シメオン、訓練から得られるもうひとつの報酬は、霊的に調和した生活ではないかしら。ほんとうに権威をもって導き、人のために努力していたら、〝人からしてもらいたいことをせよ〟という黄金律に従うことになります。そうすると、生活は神と、あるいはより高次の力と言ってもいいけど、そういう存在と連携するでしょう。数年前に比較宗教学の講座をとって、ヒューストン・スミスの著作を読んだのですが、彼は、ひとつの非常に重要な点において世界の偉大な宗教はすべて同じだと結論づけた。つまり、どの宗教にもそれぞれの形の黄金律がある」

「すごいわ、キム！」。コーチが叫んだ。「わたしはいつも、自分の宗教的信念と仕事をどうやって融合しようか迷っていたけど、今ので手がかりをつかんだような気がするわ。選手や同僚を好きにならなくてもいいけど、リーダーとしては、彼らを愛し、自分が扱われたいように彼らを扱うことが求められる。じゃあ、わたしはどう扱われたいか？　わたしが望むリーダーは、忍耐強くて、注意を払い、評価し、励まし、嘘がなく、敬意をもってわたしを扱い、ニーズを満たしてくれ、ヘマをしたら許してくれて、正直で、反応し、責任を持たせ、深く関わってくれるリーダーだわ。黄金律は、メンバーたちにどう振舞わなければならないかを教えてくれる。わたしが扱われたいように、ということよ」

「もし天に父がいるならば……もちろんわたしはそう信じていますが」、シメオンが穏やかに言った。「彼の家の規則は、たがいを愛せということだと思いませんか？　この愛も感情ではない。たがいへの振舞いという意味での愛です。わたしが五人の子どもの父親であるのと、神が彼の子どもたちの父親であることの類似を考えてみましょう。父親として、わたしがどんなに願っても、子どもたちはいつも仲よくしているわけではありません。喧嘩もするし、たがいに気に入らないこともある。それでもわたしは子どもたちに、たがいに敬意をもって接してほしいと思います。たがいを大事な存在として扱ってほしい。自分が扱われたいように扱う、それが我が家の規則です。神も、子どもたちを同じように見ているのではないでしょうか？」

軍曹でさえ、この説教に異議を唱えないまま、午前中の休憩となった。

「さあ、いよいよ一緒に過ごす最後の時間です」。教師が講義を再開した。「ここまで、権威をもって導く訓練にたいする、複数の報いについて話してきました。でも、まだ話し合っていない、とても価値のある報酬が残っています。それは、歓びという報酬です」

「歓びかい？　シメオン」。軍曹が、彼にしてはていねいな口調でたずねた。「幸せであることとリーダーシップになんの関係があるんだい？」

「グレッグ、歓びといっても、幸せのことを言っているのではありません。幸せというのは出来事に基づいています。いいことがあったら幸せ。悪いことがあったら不幸せ。これにたいして歓びは、外部の状況に基づかない、もっと内面的な現象です。権威のある偉大なリーダーの大半は、この歓びについて語っています。仏陀、キリスト、ガンジー、キング牧師、マザー・テレサでさえです。歓びとは心の中の満足、自分が人生の深遠な不変の原理にほんとうに連携できたと確信することです。人は他者に奉仕することで、生きる歓びを押しつぶす自我という拘束や、自己への没頭から解放されます」

わたしは話したくなった。「妻によれば、自己に没頭して感情的に成長していない患者がたくさんいるそうです。妻はこんなふうに説明してくれました。乳児はある意味で、究極の利己的な生き物です。〃ニーズと欲求のマシン〃と言ってもいい。彼らにとって自分のニーズや欲求は、原初的な、泣き叫んででも求めるべきものです。なにしろ生存がかかっているんですからね。〃恐るべき二歳児〃になるころには、大半が自分の望みや命令で世界を従属させようとする専制君主になります。そして残念ながら、多くの人がこの〃自分がいちばん！〃という段階から成長できず、世界が欲求やニーズを満たしてくれることをひたすら願う、大人の服をまとった二歳児として人生を送ります。成長しそこねた人はますます利己的になって自己に没頭していく。自己中心的な生き方を、感情の壁で囲って守ろうとする。妻は、こうした人たちは壁に隠れて寂しく不幸な人生を送っていると言います」

牧師が補足した。「わたしはよく若い人たちにこう話すんです。結婚のいいところのひとつは、自己中心的な考え方を脱して成長する機会を得られることだ、と。結婚すると、配偶者という他人が何を必要としているかに注意を払うようになるからです。子どもを持てば、子どものためにさらに努力をして、利己主義を克服する機会を得ます。逆に、独身生活の闘い、年をとっていくことの闘いのひとつは、過度に自己中心的にならないようにすることです。自己中心的な人は、わたしの知るかぎりもっとも寂しくて、歓びのない人です」

看護師が話し始めた。「自我や自尊心や利己的な考えは、いろいろなことの邪魔になっているわと思うわ。前に紹介したスミスの本によれば、世界じゅうの偉大な宗教はみんな、太古の昔から人間の一番の問題は自己中心的な性質、うぬぼれ、身勝手さだと結論づけているそうよ。そして偉大な宗教はどれも、わたしたちに利己心を克服する方法を教えてくれている」

牧師がふたたび言った。「昨日、人間の本質とは何かという疑問について話し合いましたが、ゆうべそれを考えていて、わたしのもっとも基本的な特質は、一番を求めることだと気づきました。人のために努力するのは、けっして自然なことではありません。キムが言ったように、人のために努力するという訓練は、自然ではないものを習うことなんですね」

校長が補った。「わたしの大好きな作家、C・S・ルイスは、自分は自己中心的でないと思う人は、おそらくとても自己中心的だと言いました。これをわたしなりに言い換えると、家族のスナップ写真を見たとき、〝写真の良し悪しを自分がどう写っているかで判断してないか自問しろ〟ということね」

「ありがとう、うまい例を挙げてくれましたね」。シメオンは微笑んでうなずいた。「他者を愛すること、努力をして、権威によって導くことで、わたしたちは利己的な壁を打ち破り、人に手を差しのべるようになります。自分のニーズや欲求よりも他者のために努力するとき、わたしたちは成長します。自己に没頭する度合いが弱まり、〝他者意識〟が強まります。歓びはこの努力の副産物なのです」

ふたたび校長が引用した。「有名な精神科医のカール・メニンガーは、神経衰弱になりそうな人に何を勧めますかと訊かれたとき、〝家を出て遠くへ行き、困っている人を見つけたら、その人を助けるようにと言うだろう〟って答えたわ」

「それはよくわかるな」。軍曹が請け合った。「誰かにいいことをしてやると、当然いい気分になる。おれが年末に寄付をするのだって、その大きな理由は、いい気分になるからだと思う」

「正直に話してくれてありがとう、グレッグ」。シメオンが言葉をはさんだ。「大好きな人のひとり、アルベルト・シュバイツァーの言葉を紹介しましょう。彼は、〝人の運命はわからないが、ひとつだけわかっていることがある。ほんとうに幸せになるのは、奉仕しようとし、その方法を見つけた人だけだ〟と言いました。おそらく奉仕と犠牲は、生きるという恩恵のために支払うべき手数料なのです」

牧師が言った。「ヨハネによる福音書の中で、イエスは弟子たちに、わたしの戒めに従えば、わたしの信じられないほどの歓びが、あなたたちのものにもなると話しました。その戒めとは、〝わたしがあなたがたを愛したように、あなたがたもたがいに愛しあいなさい〟でした。イエスは、人のために努力をして、行為としての愛をそそぐところに歓びがあるとご存じだったのです」

「牧師さんが献金皿をまわし始める前に、話を元に戻してくれ」。軍曹がからかうように言ったが、その顔には笑みが浮かんでいた。

シメオンがそれに続いた。「つまりは権威によって導くこと、正当なニーズに応えて他者に奉仕することには大きな歓びがあるということです。そしてこの歓びが、地球という名の精神の基礎訓練キャンプを生きていくにあたって、わたしたちを支えてくれるのです。わたしはこの世での目的は、かならずしも幸せになったり個人的に満たされたりすることではないと考えています。人間としての真の目的は、心理的、そして霊的な成熟に向かって成長することです。愛し、奉仕し、他者のために努力するなかで、わたしたちは自己中心的な考えを捨て去っていきます。他者を愛することが、わたしたちを恐るべき二歳児から前進させてくれます。他者を愛することでみずからが成長するのです」

「そしてそれは選択から始まる」。軍曹が思い出させた。「行動のない意図は無に等しい。おれたちは学んだことに基づいて行動しなくちゃならない。何も変えなかったら、何も変わらないんだからな」

「もっといい言い回しがあるわ、グレッグ」。校長が冗談めかして言った。「狂気とは、いつも同じことをしながら、ちがう結果を望むことですって！」

全員が声をそろえて笑うなか、シメオンが急に真顔になって言った。

「ともに過ごす時間は、これで終わります。今週、わたしは多くのことを学びました。この小さなグループの皆さんがもたらしてくれた、またとない才能と眼識に感謝します」

「おれも含めてかい？」。軍曹が、信じられないというような口調でたずねた。

「とくにあなたですよ、グレッグ」。シメオンは誠実な口調で答えた。

「最後に、ここで時間をともに過ごしたことによって、あなたがたの人生の旅路が、ほんの二、三度でもよいほうに変わりますように。短い旅では二、三度などたいしたちがいを生みませんが、人生という長い旅では、まったくちがう場所に行き着くこともあります。これからの旅で、皆さんに幸運と神の祝福がありますように」

エピローグ

あらたな旅路へ

千里の道も、一歩から始まる。

——中国の諺

六人の参加者は、最後の昼食をともにしたあと、たがいに別れを告げた。誰の目からも涙が流れていた。牧師と軍曹でさえ、たがいに抱き合い、大声で笑った。

軍曹が半年ごとに全員で集まろうと提案し、みんなが喜んで参加すると約束した。彼はグループのまとめ役を買って出て、集まる日時をかならず全員に連絡すると言った。修養会の問題児だと思われた男が、それを終わらせたがらなかった。

わたしは、他人に関して苛立つのは、自分自身の嫌いなところをその人に見たときだと気づき始めていた。グレッグの場合、それがちょっとわかりやすかっただけだ。少なくとも彼は、正直で自分に嘘がない。その週わたしがした決心のひとつは、〝いんちきをせず、人にたいして嘘をつかない〟だった。シメオンはそれを〝謙虚〟と呼んだ。

「集まりにはシメオンも来られるといいわね」。看護師が提案した。「かならず声をかけてね、グレッグ」

「もちろんだ」。軍曹は約束した。「そういえばシメオンを見たかい？　ちゃんと挨拶をしたいと思ってるんだが」

わたしはあたりを見回したが、彼の姿はどこにもなかった。

部屋から鞄を持ち出し、外に出ると、わたしは駐車場の横にあるベンチに腰かけた。すぐにもレイチェルが迎えにくるはずだが、ちょっと怖かった。その前に、シメオンに挨拶がしたかった。

鞄をその場におき、ミシガン湖に下る階段のほうへ行ってみた。はるか下のほうに人影が見える。わたしは叫びながら下りていった。「シメオン、シメオン」。彼は立ち止まると、追いかけてくるわたしのほうを振り返った。

わたしたちは別れのしるしに抱き合った。

「この一週間のことを、どれだけ感謝していいかわかりません、シメオン」。わたしはぎこちなく口ごもりながら言った。「貴重なことをたくさん学びました。家に帰って、いくつかでも実践できるといいんですが」

シメオンはわたしの目をじっとのぞきこんで言った。「昔、サイラスという名の男が、よく学んでも、それをうまく実行しなければ何の得もないと言いました。あなたはうまくできますよ、ジョン。きっとね」

彼の目が、わたしはうまくやれるとわかっていると告げていた。わたしは希望を感じた。

「でもシメオン、何から始めたらいいんでしょうか？」

「選択から始めるのです」

二百四十三段の階段をゆっくりとのぼったわたしは、鞄を横においてベンチに座り、レイチェルを待った。最後の車が走り去って、修道院の敷地は人気《ひとけ》もなくなり、じつに静かだった。湖から暖かい秋のそよ風が吹いてくる。わたしは渇いた葉の鳴る音に耳を澄まし、まもなく物思いにふけり、我を忘れた。

遠くから近づいてくる車の音を聞いて我に返るまで、どれほどの時間が経ったのかわからない。白いマーキュリー・マウンテニアが砂埃を尾のように引いて、ゆっくりと片側一車線の道をのぼり、砂地の駐車場に入ってきた。

ゆっくり立ち上がると、また涙があふれた。わたしは最後にもう一度ミシガン湖を見やった。そして静かに心を決めた。

車のドアが閉まる音を聞きながら振り向くと、レイチェルが笑顔で走ってくるのが見えた。彼女は今まで以上に美しかった。

抱きついてきた彼女を、わたしは彼女が体を離すまで抱きしめていた。

「驚いた！」。レイチェルはからかうように言った。「わたしのほうから離れるのなんて、いつ以来のことかしら。でも、いい感じだわ」

「あらたな旅路への小さな第一歩だよ」。わたしは得意げに言った。

謝辞

言うまでもなく、この仕事はたくさんの人たちの助けがなければできなかった。心からの感謝を……

上司であることと紳士であることは背反しないと教えてくれた、最初の仕事上の指導者《メンター》、フィル・ホフマンに。

何年にもわたって貴重な教訓を与えてくれた仕事仲間や顧客の皆さんに。とくにケヴィン・オールダー、エド・ダナー、ラス・エベイド、グレッグ・グッドマン、マイク・ヒップシャー、マイク・パンサー、そしてジョージ・トレグロウンに。

著述家のトニー・カンポロとM・スコット・ペック。人生の偉大なる真実を表現するその技量に。

〈プリマ〉のデブラ・ヴェンツクとスティーヴ・マーティン。編集過程を通して示してくれたその技能と援助に。ポーラ・ムニエル・リー。その助言、とりわけ本書の主題の重要さを知るうえでの洞察力に。

インディアナ州セント・メインラッドにあるセント・メインラッド修道院の修道士で修道院司書でもあるシメオン。あなたがわたしに、修道院の生活の骨組みを話してくれた。

エリック・ベーコン、フィリスとジャックのハンター夫妻（わたしの両親）、カレンとマークのジョリー夫妻、パムとミッキーのクリーガー夫妻、エリザベス・モリン、カレンとビルのライキ夫妻、コリーンとクレイグのランクイスト夫妻、ジョン・ライリー、パティーとスコットのシモンスン夫妻ほか、編集者たちと応援団に。とくに、とても貴重なアイディアと励ましをくれた、テレサとジョンのヴェラ夫妻に。

そして、可愛い娘レイチェル（恐るべき二歳児になった）に。きみの存在は、わたしにとって、文字どおり言葉に表わせないほどの幸せだ。

最後に、わたしの人生の伴侶デニーズ。精神的な成長をともにするうえでの、その愛と献身に――。愛している。

本書は１９９８年に刊行された *The Servant*（邦訳『サーバント・リーダーシップ』ＰＨＰ研究所）を新たに翻訳したものです。

この度はお買上げ
誠に有り難うございます。
本書に関するご感想を
メールでお寄せください。
お待ちしております。

info@umitotsuki.co.jp

サーバント・リーダー
「権力」ではない。「権威」を求めよ

2012年 5 月28日　初版第 1 刷発行
2014年 8 月 6 日　　　第 3 刷発行

著者　ジェームズ・ハンター
訳者　髙山祥子《たかやましょうこ》
装幀　重原 隆
編集　深井彩美子
印刷　中央精版印刷株式会社
用紙　中庄株式会社
発行所　有限会社海と月社
〒151-0051
東京都渋谷区千駄ヶ谷2-10-5-203
電話03-6438-9541　FAX03-6438-9542
http://www.umitotsuki.co.jp

定価はカバーに表示してあります。
乱丁本・落丁本はお取り替えいたします。

ISBN978-4-903212-35-7